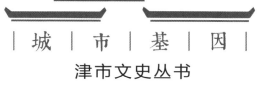

城 | 市 | 基 | 因

津市文史丛书

影 像 卷

政协湖南省津市市委员会　编

湖南师范大学出版社

· 长沙 ·

图书在版编目（CIP）数据

城市基因：津市文史丛书.影像卷/政协湖南省津市市委员会编.—长沙：湖南师范大学出版社，2021.7

ISBN 978-7-5648-4241-3

Ⅰ.①城… Ⅱ.①政… Ⅲ.①津市市—地方史 ②津市市—地方史—摄影集 Ⅳ.①K296.44

中国版本图书馆CIP数据核字（2021）第130202号

YINGXIANG JUAN

影像卷

政协湖南省津市市委员会 编

责任编辑 | 周基东
责任校对 | 吕超颖

出版发行 | 湖南师范大学出版社
    地址：长沙市岳麓山 邮编：410081
    电话：0731-88853867 88872751
    传真：0731-88872636
    网址：http://press.hunnu.edu.cn/
经 销 | 湖南省新华书店
印 刷 | 湖南雅嘉彩色印刷有限公司

开 本 | 710 mm×1000 mm 1/16
印 张 | 19
字 数 | 380千字
版 次 | 2021年7月第1版
印 次 | 2021年7月第1次印刷
书 号 | ISBN 978-7-5648-4241-3

定 价 | 80.00元

序一　把灿烂的津市文化永续传承弘扬下去

傅　勇　黄旭峰

文化是推动人类社会发展的精神力量。历史文化是城市的灵魂与根基。习近平总书记多次强调，要本着对历史负责、对人民负责的精神，注重文明传承、文化延续，让城市留下记忆，让人们记住乡愁。津市因傍津设市而得名。在生生不息的文化传承之下，大美津市，遍地是美景，处处皆风雅，历史悠久，文脉源长。在这里，澧水携八条支流，漫卷九水泥沙，来了个雄奇的大拐弯，直奔洞庭，通江达海，也激荡出厚重的湘楚风韵和璀璨的历史文化。在这里，屈原行吟"沅有芷兮澧有兰"的千古名句，跻身中国四大民间爱情故事的孟姜女感动今古，最为契合"学习强国"精神的车胤囊萤照读的典故光耀史册。在这里，九澧之水浩浩荡荡，汇聚 13 省移民，仿佛文化的熔炉，将鄂、赣、川、皖、湘、粤等文化融铸成神奇独特的移民商埠文化。在这里，澧水静水深流，滋养着自强不息的坚韧基因，嘉山峰峦耸翠，展示出敢为人先的雄健气魄。矗立在澧水河畔的望江楼上，曾经有一副气吞山河的楹联："饮武陵酒，品鹤峰茶，望皇姑秀色，听江水涛声，九澧名楼今胜昔；吟太白诗，诵东坡赋，招屈子忠魂，忆贺龙壮举，千秋佳话慨而慷。"写尽了城市繁华与荣光。

在漫长的历史长河中，先辈们的不屈奋斗，为我们留下了厚重的历史文化遗产。自建市以来，一届接一届的市委、市政府领导班子，率领优秀的津市儿女，高扬光荣与梦想，力擎艰难与挫折，励精图治，前仆后继，书写了"九澧门户""工业重镇""北有沙市，南有津市"的壮丽华章。现如今，津市人民接过前辈的接力棒，传承厚重的人文精神，激发蓬勃的发展潜力，大笔擘画新的发展蓝图。

如今的津市，已然是一座创新之城。国家中小城市综合改革、国家新型城镇化、全国乡村治理体系建设、全国新时代文明实践中心、全国水系连通与农村水系综合整治试点县市、全省海绵城市试点单位、美丽乡村建设整域推进试点县市，"绿色存折"垃圾分类减量机制获湖南首届创新奖一等奖，一张张城市名片就是生动写照。

如今的津市，已然是一座水运之城。因水而兴，也必将因水而复兴。津市港拥有澧水流域唯一的县级公共保税仓和海关工作站。随着深圳盐田港集团战略合作深度推进，推动"水铁公"多式联运，打造海关监管场所和二类口岸，势必成为全国内河港口的运营标杆。

如今的津市，已然是一座工业之城。逾 400 家工业企业，近 400 亿元工业总产值，生物医药、健康食品、装备制造、盐化工等"三主一特"产业强劲支撑，已经成为全国最大的医药中间体生产基地、全国最大的酶制剂生产和出口基地、全国最大的甾体原料药和医药中间体出口基地、全国最大的社会化汽车车桥生产基地。

如今的津市，已然是一座文化之城。距今约50万年的国家级重点文物保护单位虎爪山旧石器遗址，是湖南最早的人类活动遗迹。国家非物质文化遗产"孟姜女哭长城""车胤囊萤照读"故事广为流传。始建于唐代的佛教曹洞宗祖庭药山寺闻名遐迩。忆往昔，津市人民用强劲足音讲述着"湘北明珠"的辉煌故事；看今朝，津市人民用新锐脚步丈量着"澧水流域现代化中心城市"的全新坐标。

把灿烂的津市文化永续传承弘扬下去，是一项影响深远的战略工程。当前，在"十四五"开启新篇和"两个一百年"历史交汇的关键节点，津市正按照省委"三高四新"战略和常德市委"开放强市、产业立市"部署，全面开启建设现代化强市的新征程。铭记历史，继往开来，编纂出版一套全方位、多层次、立体化反映津市历史文化的丛书，既是全市经济社会发展的现实需要，也是全市人民群众的共同夙愿，更是落实习近平总书记提出的坚定中国特色社会主义文化自信的具体行动。津市要坚定文化自信，就是要找到属于津市人民自己的文化基因和精神家园，增强对津市历史文化的认同感、归属感和自豪感，凝聚人心，振奋精神，积蓄力量，为经济社会持续健康发展提供强大的精神动力和文化支持。"城市基因·津市文史丛书"的成功出版，可以说是我市经济和社会发展史上的一件喜事盛事，是一件功在当代、利在千秋的大事好事。它不仅丰富了津市历史文献，为广大人民群众筑造了阅读城市历史的画廊，也为树立和弘扬新时代的津市精神找到了新图景和新样本。在洋洋洒洒的百万文字方阵当中，时间的大幅跨越，场景的真实还原，人物的音容笑貌，那些似曾相识的优美字句和影像，一定能触碰到我们内心最柔软的部分，激起广泛而美好的共鸣，打捞起了文化记忆，梳理顺了文化乡愁。我们有理由坚信，无论是生于斯长于斯的津市人，曾在津市工作过的"津市人"，还是漂泊异乡的津市游子，都能从这套丛书中找到美好隽永的记忆与乡愁。我们应该感谢市政协、市文旅广体局高水平的策划执行，感谢编纂老师高强度的辛勤付出，正是由于他们，打造出这样一部鸿篇巨制的地方文化经典，使得传播津市文化有了最优质的载体，使得宣传津市形象有了最通透的窗口。

怀古需励志，掩卷当奋发。新时代的28万新津市人，当以"城市基因·津市文史丛书"为新的起点，传承和弘扬津市的灿烂文化，继承和发扬先辈的优良传统，砥砺奋斗，锐意进取，不断创造出新业绩、新辉煌，为建设"澧水流域现代化中心城市"而努力奋斗！

是为序。

2020年12月

（傅勇，中共津市市委书记；黄旭峰，津市市人民政府市长）

序二　从这里读懂津市

姜正才

　　民族的伟大复兴，当以文化复兴为前提。习近平总书记曾经提出："历史文化是城市的灵魂，要像爱惜自己的生命一样保护好城市历史文化遗产。"做好"城市基因·津市文史丛书"征编工作，是政协工作重要组成部分，是一项有益当代、惠及后世的文化事业。打捞城市记忆，传承历史文化，提升文化自信，建设美丽津市，是政协文史工作面临的重大课题。2018年元月，在市政协十二届三次会议开幕式上，一篇名为"传承城市基因，树立文化自信"的大会发言激起千层浪，市政协文艺教育工作组16名委员联名提交了一篇"关于做好城市基因丛书征编工作"的集体提案，引起强烈共鸣。市委书记傅勇、市长黄旭峰同志高度重视，分别签批了重要意见。市政协主席会议专题研究，以当年一号提案的形式，交办市文旅广体局推动落实征编工作。时逾两年，这套"城市基因·津市文史丛书"，经过编纂团队的辛勤劳动，终已付梓问世，这是我市文化建设的一件大事幸事，可喜可贺。在此，我谨向所有为丛书出版做出贡献的编者，表示衷心的感谢和致以崇高的敬意！

　　在中华传统文化的炫丽图景中，荆楚文化、湖湘文化精彩纷呈，融合荆楚文化与湖湘文化为一体的津市文化，必然有其神秘而颇具魅力的基因密码，生生不息，代代传承，值得我们去破译，去挖掘，去擘画。"城市基因·津市文史丛书"共5卷计7册，即《风物卷》《工商卷》《文存卷》（上、下）、《文艺卷》（上、下）、《影像卷》，是一部全面、系统介绍津市历史沿革、社会经济、人文风物的大型系列丛书，其涵盖之广泛，内容之丰富，形式之多样，印装之精美，在全市地方文史资料的出版史上，应该是前所未有的。《风物卷》意在突出津市"九澧门户"的城市名片。津市素为湘北重镇，百年商埠，名震湘鄂边，编者满怀深情将这座因水而生的城市之街巷、码头、渡口、驿站、会馆、宫庙、方言以及由此衍生出来的戏曲文化与饮食文化等逐一娓娓道来，呈现给我们一幅幅风情万种的津市版之"清明上河图"。《工商卷》是最能彰显津市产业特色的部分，津市工商曾雄踞九澧，声名遐迩，没有津市工商的繁盛就没有津市"大码头"的名声。编著者用浓墨重彩的笔触生动描绘了津市由渔村到工商重镇的发展演变过程，揭示了津市工商业萌芽、兴起、发展、繁荣、式微而又凤凰涅槃、浴火重生的轨迹，力图为后人留下一部可资镜鉴的信史。《文存卷》则另辟蹊径，在广搜博采的基础上，将散轶在各处的本土文史研究成果收集、整理于一箧，通过去粗取精，去伪存真的甄选，分门别类的精心编排，建立起一个小型且实用的文史资料库，让这些珍贵史料既得其所，不致风流云散，也为需要者阅读、使用提供了便利条件。《文艺卷》是我市第一部集中展示本土作者文学、艺术各领域各门类创作成果的综合性选集，同时还选录了部分古人题咏津市的精美诗文。一册在手，尽览风华。津市人对文学艺术的情有独钟，源远流长，在屈子吟咏过的澧水之畔，千年文脉薪火相传，从这本小册中或可管见一斑。《影像卷》是津市近百年影像资料的汇集，遴选了从晚清以迄当代五百余幅具有存史价值的珍贵照片，注以简要的文字说明，形成以"图说"为特色的另一种版本的津市简志。这些或黄渍漫漶，或色彩鲜明的照片，无不定格发生在津市某一时刻的生动瞬间，为我们留下了更直观、更真实、更难忘的历史记忆，令人生发沧海桑田之叹。

《左传·襄公二十四年》撰文："太上有立德，其次有立功，其次有立言，虽久不废，此之谓不朽。"编写"城市基因·津市文史丛书"是认识过去、服务当前、开创未来、惠及后世的一项立德、立功、立言之举。历史给人们留下永远难忘的启示，破译津市的基因密码，守望津市的精神家园，是走向未来的前提和基点。"让世界了解津市，让津市走向世界"，这套丛书必将起到积极的作用。祈愿今后能有越来越多的有识之士汇聚湘北明珠，谱写崭新的历史篇章。

"城市基因·津市文史丛书"是对津市历史文化的树立与弘扬，它启发和推动我们触摸远古图景，聆听历史回响，呼吸岁月气息，接通今古，展望未来，励精图治，为创建澧水流域现代化的中心城市而不断前行。

是为序。

2020 年 11 月

（姜正才，津市市政协主席）

概　述

谭远辉

关山南横脉来远，澧水东曲泽流长。

澧水自出，循武陵山款款而来，环山绕石，过滩陟险，时而引吭高歌，时而低吟浅唱，在携手茹、温、娄、渫、黄、道、涔、澹八条支流之后，来到武陵山脉东端的关山北麓。在这里打了一个盹，然后由关山东侧急转南下，直奔潇湘之渊——洞庭湖。

曾几何时，造物主一不留神，一颗璀璨的明珠从手中滑落，堕入澧水尾闾左岸的河曲地带。滚了一身泥土，静静地躺在那儿，灰头土脸，黯淡无光，起初并不被人看好。

在澧水右岸的虎爪山，我们发现了五十万年前远古人类留下的打制石器；在李家铺的苗儿岗、西湖渔场罗家台、涔澹农场青龙嘴、保河堤铜盆范家嘴等地，有新石器时代先民生活、居住过的遗址；在涔澹农场竹田湖、白衣乡的珠沫湾、渡口翊武中学乃至护市村的肖唐家台，有商周时期的遗址和墓葬；楚汉至六朝时期的遗存也多分布在澧水南岸的王府山至毛里湖、渡口一带以及北面的涔澹农场。总之，这些古代遗存都围绕在现津市城区的周围，隋唐以前城区范围似乎鸿蒙未开。

经过若许沧桑轮回，星移斗转，枉入红尘的这颗明珠栉风沐雨，经磨历劫，身上的尘土渐渐褪去，在阳光的照耀下，始折射出熠熠的光辉，从而受到人们的青睐。于是便有好事者给这颗明珠赋予了一个雅致的名号：津市。

一、杨柳依稀古渡头

津市究竟从何时得名，其寓意若何，炎宋以往，史帙阙如。顾名思义，"津"者，渡也；"市"者，贸易之区也。则"津市"应是兴起于渡口码头边的集市。在唐诗中即见含有"津市"二字的诗句，分别为钱起的《送武进韦明府》和李郢的《送李判官》，或曰这是津市地名的最早见证。但经考证认为，此"津市"并不是作为地名的双音节词，所记述的地点也与我们津市不搭界。

固然，在唐代津市这个地方是存在的，但当时不叫"津市"，而叫"澹津"。"澹津"一名出现于戎昱为澧州刺史李泌所作《澧州新城颂》，内有"澹津之墟尚在，天门之垒可辨"语。该《颂》作于唐中叶的建中二年（781），"新城"即为今新洲，在唐代为州城。"天门"即天门郡，是澧州的前身，而"澹津之墟"即为"澹津这个集镇"。这个"澹津"除了津市别无所指。甚至到了清代"澹津"还作为津市的别名偶有出现。龚之茗《延光书院记》中有："今上御极之六年，清河汤钧右先生以宇内名硕来守是邦……且构（延光）书院于澹津。"延光书院在津市，"澹津"即指津市。如此，津市在唐代应该称"澹津"。原先由大码头往北的街道名为"澹津路"，人们感觉有些奇怪，其实这正是津市古名的传承。津市许多街道的原名都随时代的变迁而改了新名，如衙署街改生产街，关庙街改建设街等，唯有"澹津路"不变，冥冥之中留住的是津市的根。只是现在向北移到了蔡家河。

"澹津"何以得名？"澹"应即澹水。"津"即渡口，故澹津应是处于澹水渡口边的集镇。现在澹水是从津市东边汇入澧水，在古代应是在津市的西侧汇入澧水，考古发现，在护市的肖唐墓台（俗称"实屁股"）就发现有一条南北向的古河道。故此津市初名"澹津"。时光荏苒，陵谷沧桑。澹水改道，从津市的北面绕到了东边，不再穿过城区，再称"澹津"已不合适，于是就成了"津市"。然而"澹津"一名并未消亡，而是向北移到了近郊，即今随澹水迤逦的澹津社区。

"澹津"何时易名"津市"不甚了然，真正具有地名意义的"津市"首先见于元代宋褧写的一篇题为《津市留题》的诗。诗曰："烟霏空翠瞰芳洲，杨柳依稀古渡头。斜日扬鞭倦行役，自惭不及贾胡留。"

宋褧（1294—1346），字显夫，泰定元年（1324）进士。壮岁曾游朗、澧、湖、湘。其在《寄题涔河石桥》诗的小序中曰："河在澧州北四十里……予自延祐以来，凡八过其上，慨念行役之苦，为之悯然。"八次从涔河桥上经过，可见宋褧往来澧州很频繁。宋褧到津市大约在至大至延祐间（1308—1320）。如此，"津市"得名至少已有700多年。

继后，何景明所作《津市打鱼歌》写尽了津市的繁荣富庶。

"大船峨峨系江岸，鲇鲂鳜鳜收百万。小船取速不取多，往来抛网如掷梭。野人无船住水浒，织竹为梁数如罟。夜来水涨没沙背，津市家家有鱼卖。

江边酒楼燕估客，割鬐斫鲙不论百。楚姬玉手挥霜刀，雪花错落金盘高。邻家思妇清晨起，买得兰江一双鲤。筛筛红尾三尺长，操刀具案不忍伤。呼童放鲤潋波去，寄我素书向郎处。"

宋褧与何景明都是用诗的语言状写吟咏津市的旖旎风光、物产富庶和宜居环境。万历间，公安派文学家袁中道则以散文的形式对津市做了比较具体的表述：

"从涔澧交会之处，西上十余里，有千家之聚，名曰津市。对岸为彰观山，道书四十四福地，宋明道中黄、范二仙飞升处也。"（《澧游记》）

"千家之聚"只是一个概数，但在袁中道眼里，应该是一个较大的集镇了。

在袁中道的作品中还有多处关于津市发达的船舶工业的记载：

"津市新舟成，将游吴越，值虎渡涸，不得出。"（《泊梦溪记》）

"还公安，念津市所治新舟下吴越尚未完，恐造作不中程，自往视之。"

"东下舟已成，至村中，予登舟，泊于孟溪。舟中可坐十余人，外用六桨，坚而迅速。"

"初予自当阳登舟，泛舟中，望九子诸山极秀冶，无风涛之怖。若得一舟可以涉浅者游其间，

且抵高安、阳平诸山中，如泛千叶莲花中，可以毕此生矣。是日，遂遣人往津市，造一鸬鹚舟。"（《游居柿录》）

袁中道泛舟云游，多选择在津市造船，津市所造船"坚而迅速"。津市作为港口城市和渔村，船舶是交通、运输和渔业生产必不可少的工具，于是津市的造船工业应运而生。无论是峨峨大船，还是舴艋小舠，乃至鸬鹚舟，都展现出精湛的工艺。

随着津市商业的繁荣，来自四面八方的生意人定居津市，这其中不乏能工巧匠和有经济头脑、聪明才智之人，他们带动了津市各行各业的发展，纺织业、手工业、饮食业，以及造船、造纸、糕点、烟草等产业都优于其他地方而驰名域内。津市产青布还曾被列为贡品。

"青布，津市为多。"（隆庆《岳州府志·食货考·贡》）

元明两朝，津市的商贸和轻工业获得了长足的发展。

二、雪花错落金盘高

清代，津市的商贸和城镇发展达到鼎盛。于是，我们思考着一个问题：澧州与新洲都曾为澧水流域行政中心，津市位于两者之间，其繁荣不亚于两地甚至有过之，然而历代的当政者却从未考虑在津市设治，这其中最关键的因素应该是津市混杂着南来北往的商旅，人员构成复杂，帮派丛生，控制不易。这在民国时期有充分的体现。在方志中也有明确的表述。

"津市，州东二十里，为商贾舟楫所会。市长数里，约万余户。人杂事繁，奸匪易藏，颇称难治。"（乾隆《直隶澧州志林》）

这时，明代的"千家之聚"扩展到"约万余户"。当然这有夸张的成分，但由此看出，清代的津市已是今非昔比。到清代晚期，形成堪与州城媲美的城市规模。

"街长七里零，直街三条，中为正街，后为后街，前为河街。"

"舳舻蚁集，商贾云臻，连阁千重，炊烟万户。"（同治《直隶澧州志》）

由是，津市作为港口城市的繁荣景象便如电影镜头般呈现在我们眼前：

码头边船主南腔北调的吆喝声此伏彼起，河岸上嬉笑怒骂的挑夫接踵摩肩。兰江上晚霞映耀着悠婉的渔光曲，田野里暮烟飘散着呕哑的牧牛歌。这边是灯红酒绿、纸醉金迷，那边是村俚清籁、垂柳风篁。津市在喧嚷与安谧中平衡着祥和，在尔虞我诈、明争暗夺中生发出隆昌。

津市博物馆收藏有一件清乾隆四年（1739）木刻的"八码头公牌"，八个码头从上至下依次为：罗家坡、关爷楼、大码头、观音桥、新码头、新店坊、永宁巷、汤家巷。八码头公牌便是津市繁荣兴盛的码头文化的写照。

津市的繁华定然伴随着治安的隐忧。津市是澧州的聚宝盆、摇钱树，津市治安不宁，州府不能坐视不管。于是州府采取了一系列措施弹压控制。

雍正十一年（1733）二月，"移湖南澧州嘉山镇巡检驻津市，仍兼查缉原管地方。从湖南巡抚赵弘恩请也。"（《清雍正实录》）

乾隆三十二年（1767）二月，"吏部议覆：原任湖南巡抚常钧疏称：……又澧州津市，商贩要路，原设巡检，不足以资弹压。而石门水南渡地方，亦系商民凑集之所，请将津市巡检移驻石门之水南渡。其津市，即令澧州州判驻扎。……均应如所请，从之。"（《清乾隆实录》）

巡检和州判先后设于津市，而且都是湖南巡抚奏请朝廷所设，凸显了津市治安环境的复杂和对于澧州经济的重要性。

"自道光年间，大开海禁，西人之工于牟利者，接踵而来。"（郑观应《盛世危言》）

海禁一开，洋人蜂拥而至，他们不仅带来了鸦片，还带来了很多中国人眼里的稀罕物。于是凡新奇的事物都冠上了一个"洋"字：洋船（机动轮船）、洋火（火柴）、洋油（煤油）、洋马儿（自行车）、洋伞（铁骨伞）、洋布（机织布）、洋装、洋酒、洋行、洋锹、西洋镜、出洋相、受洋罪等。于是，在津市不仅有大腹便便的土豪，长衫韦带的迁客；也有金发虬髯的传教士，西装革履的洋商。津市不啻为淘金者的乐园，冒险者的天堂。

洋人的到来，也为津市带来了进一步繁荣，在乾隆年间八码头的基础上又扩展到九码头。九个码头的称谓很多，最初是以所在街巷称，人们可能嫌麻烦，于是从上至下第以序数称一、二、三、四、五、六、七、八、九码头。九个码头是就澧水北岸的主要码头而言，这时的码头远不止九个，多达十几个。除澧水北岸外，南岸也设多个码头。有国内的江西码头、湘乡码头、浏阳码头、慈利码头，也有美利坚的洋油码头，英吉利的怡和码头、太古码头，日本的戴生昌码头等。当时的客船通长沙、常德、汉口、沙市等地。清末民初，津市作为湘北一大商贸中心，有着巨大的向心力和强烈的辐射力，可与湖北沙市媲美，因而就有"湖南津市，湖北沙市"之说。直到今天，周边省份的老一辈人只要说起津市都耳熟能详。

商贸的繁荣还带动了一系列产业的兴盛，如船厂、客栈、金号、钱庄、邮电、印刷、图书、典当、钟表、眼镜、电灯、榨坊、木材、竹器、衡器、轿行、织染、缫丝、布匹、服装、皮革、粮油、酿酒、澡堂、糕点、茶叶、烟草、蚊香、警署、医院、药铺、学堂、戏院、妓院、烟馆、赌场、茶楼、酒肆、会馆、教堂等，大都市所应有的配套功能在这里一应俱全。

繁华的光影下依然是贫贱与富贵的两极世界。有人竹篱茅舍，不蔽风雨，家无宿粮，卖儿鬻女；有人高墙深院，锦衣玉食，妻妾成群，呼奴使婢。一边是椎髻布衣的寒门女无奈为人作嫁，良家妇女被逼为娼；一边是珠光宝气的阔太太难掩心猿意马，膏粱子弟蝶乱蜂狂。道不尽芸芸众生人情冷暖，见惯了滚滚红尘世态炎凉。

清至民国时期津市另一大特色就是帮会与宫庙文化，四面八方的商人来到津市，时间长了，许多人就举家迁居津市，因而津市成为一个移民城市，在家靠父母，出门靠朋友，而同乡更具亲和力。于是各地的移民便纷纷成立同乡会，修宫庙，作为同乡议事、聚会场所。供奉原籍的信奉神，顶礼膜拜，凝聚人心。最昌盛者如江西的万寿宫、吉安庙，苏皖的三元宫，福建的天后宫，湖北的帝主宫，山陕的三义宫，上河（慈利、桑植）的荣华宫、湘乡会馆以及基督教的福音堂，天主教的天主堂，伊斯兰教的清真寺等等。会馆、宫庙是连接各外商同乡的纽带，但也会由此引发帮派争斗，或弱肉强食，或两败俱伤。

民国是一个多事之秋，兵荒马乱，满目疮痍；天灾人祸，饿殍枕藉。统治者依然不管人民死活，变本加厉盘剥。津市不是世外桃源，难以独善其身。共产党不满国民党的高压统治，站在人民大众一边，极力抗争。贺龙率部占领澧津，任澧州镇守使，创办"九澧平民工厂"，在镇大油行成立苏维埃政府，共产党在津市的活动或地下或半地下，津市的进步人士、红色资本家对红军和地下党的活动给予了保护和经费支持。

日寇侵华，寇焰昌炽，敌机狂轰滥炸，铁蹄肆意践踏。多少同胞背井离乡，目之所及道殣相望。津市一度成为四方难民的避风港。一时间人口骤增，商业经济也曾短暂畸形膨胀。面临着亡国灭种的奇耻大辱，有多少热血青年奔赴疆场，用血肉之躯抵挡敌人的枪膛。也有人置身事外，依然不忘发国难财。奸商哄抬物价，囤积居奇；兵匪巧取豪夺，恶贯满盈；官吏横征暴敛，鱼肉百姓。正所谓："兴，百姓苦；亡，百姓苦。"

三、浴火重生振翅飞

1949 年 10 月 1 日，中华人民共和国成立。一切向着制度化、正规化发展。有的企业收归国有，有的公私合营，有的行业纳入街道集体经营。根据不同的社会分工，人民安居乐业，社会治安向好。津市经历了几起几落，新中国成立初五年之内，津市连升三级，由县辖市至地辖市再至省辖县级市。津市正式具有独立的行政功能，其间曾短暂回归县辖市（镇）。后又与澧县数次分合，直到 1979 年底恢复省辖常德市代管的县级市至今。

在 50 年代至 70 年代，商贸仍然是津市的支柱产业，港口仍然产生着品牌效应。澧水两岸依然是舳舻蚁集，汽笛交鸣；河岸上脚夫往来如梭，人声鼎沸。随着陆路运输的迅速发展，水运受到冲击，津市的码头经济在新的环境下失去了往日的优势，渐渐淡出人们的视线。码头上没有了昔日的喧嚣，年轻人纷纷下海弄潮，只有河水拍打着零星的船帮，仿佛吟唱着怀旧的歌谣。这好比历史的跑道已经绕完了一周，一个新的轮回又从头开始。当年津市是鹤立鸡群，而当鸡群都成了天鹅，津市岂能依然是鹤。昔日的铅华已经褪去，应当换上靓丽的新妆。凤凰涅槃，浴火重生。

强烈的危机感促使津市的决策者们革故鼎新，另辟蹊径。商贸萎缩，于是大兴工业，历届市委均坚持"工业立市"的方针，几十年的艰苦奋斗，不折不挠，津市工业遂日渐发展壮大，涌现出味精厂、酶制剂厂、绸厂、缫丝厂、绢纺厂、湘澧盐矿、造纸厂、蚊香厂、猪鬃厂、湖南拖拉机厂、电子管厂、造漆厂等一系列颇具规模的代表性企业。

但是，津市若想有长足的发展，至少存在三大瓶颈：堤防、桥梁、道路等。津市自古无堤防，当桃汛春涨，洪水泛滥，市面浊水横流，小船穿街走巷，经济停顿，财产受创；涔、澹、澧三水素无桥梁，过河的车辆排起长龙，等渡的人群熙熙攘攘，前进的脚步因此放慢，宝贵的时间在等待中流淌；当陆路交通快速发展，津市仍然独守空港，铁路、国道绕开津市，连拥有省道都是奢望。

这三大瓶颈如不突破,津市难以走出狭小的围城。于是各级领导奔走呼吁、精心部署,广大干群同心同德、群策群力,率先向三大瓶颈发起总攻。1973 年,在澧水北岸筑起一道坚实的水泥大堤,将肆虐的洪水挡在城外,城里的居民再也不受洪水困扰。70 年代以后相继建成蔡家河澹水桥,津市澧水一大桥、二大桥,小渡口涔水大桥,至此,澧水干、支流的道路与桥梁全部贯通。兰江如练,云淡风轻,江面上关山倒影婆娑。华灯初上,长虹卧波,两座大桥像一对情侣在夜色中拍拖。

津市原先地域狭小,且处于澧县的包围之中,这严重制约了津市的发展。20 世纪 80 年代津市向南扩郊,从澧县的包围圈突围出去,打开了临澧、安乡、鼎城的通道。于是党政机关南迁。90 年代湘北公路从津市保河堤、渡口两镇经过,津市修建从市区到湘北公路的接线工程,结束了津市无省道的历史。二广高速从津市西境穿过,并在工业园区设立互通。现在穿越津市南境的安慈高速也在建设之中。近年又完成交通投入 60 亿元,着力开展高速公路、干线公路、客货站场、铁路建设、水运码头、农村路网六大建设,构建现代交通体系,致力打造综合交通、智慧交通、绿色交通和平安交通。

三大瓶颈已然突破,然而若要迎接新时期更大的挑战,要做的事还多,要走的路还长,津市的领导层怀揣忧患意识,运筹帷幄,完成了一系列重大工程,使津市有了突飞猛进的发展。

津市工业有着辉煌的过去,但却面临着现代工业的挑战。2016 年 7 月,省政府批准津市设立省级高新技术产业开发区。于是一座工业新区拔地而起,使津市的传统工业迎来了新生。努力把园区建成创新创业生态区、新兴产业集聚区。促进津市工业持续健康发展。2019年,园区建成区面积近 9 平方公里。支柱产业主要有生物医药、装备制造产业、轻工纺织产业、食品企业、盐化工产业以及新型建材企业等。规模工业总产值已达 265.6 亿元,规模企业户数 109 家。

近年又建成了与工业园区配套的窑坡渡千吨级码头——津市港。港口集大宗散杂货、集装箱、港口物流和服务以及保税物流于一体,由中心港区和新洲港区组成,主要为津市高新区及周边区县的物资运输服务。津市的水运通江达海,陆路四通八达。彻底摆脱了以往的瘸子经济,正健步如飞地走向繁荣。

津市的决策者们抓经济建设的同时不忘抓民生工程,一系列关乎民生的重点工程相继建成投运:三座水厂(白龙潭、沈家台、金鱼岭)实现了城乡供水全覆盖;位于工业新区的污水处理厂,设计规模为日处理能力 4 万吨,出水水质执行国家一级 A 标准;城市生活垃圾无害化处理场,建成高标准站房 6 处,30 台有机垃圾处理设备正式运行,标志无害化垃圾处理场在常德市区县市率先投入运行;完善养老服务。建成了全省一流的养老服务中心,集居住、医疗、护理、康复、营养、娱乐于一体,成为全市老年人颐养天年的大型养老社区。高标准推进一乡一敬老院、一村一幸福院建设,建成各类养老机构 77 所,被评为"全省社会养老服务先进县市"。

在建设澧水流域现代化中心城市的奋斗目标下进行城市扩容。津市素为九澧门户，湘北重镇。然而新中国成立前，城区总面积不过 1.45 平方公里。20 世纪 90 年代末，建成区面积扩至 6.28 平方公里。进入新世纪后，城市建设明显提速，根据市委制定的发展战略，全市上下一心，开展"五城同创"（创国家森林城市、国家卫生城市、国家园林城市、国家交通模范管理城市、国家文明城市）以及海绵城市建设。在道路建设、城市绿化、街道亮化和老旧小区改造等方面均成效显著，城市建成区面积超过 17 平方公里。待海绵城市建成后，城市在适应环境变化和应对雨水带来的自然灾害等方面具有良好的弹性。

开展以"清清毛里湖、悠悠养心洲"为主题的湿地公园保护及基础设施建设。在哈尔滨召开的全国湿地保护管理工作会上，毛里湖湿地公园正式获批国家湿地公园。该工程实施后，将极大地改善周边居民生存环境，湿地生物多样性更加丰富。此外，毛里湖湿地还将在蓄水、调节下游河川径流、补给地下水和维持区域水平衡中发挥重要作用，形成蓄水防洪的天然"海绵"。

近年建成的澧水沿江风光带，有人行塑胶步道、朱务善广场、滨水公园、绿化景观、亲水平台、文星阁、朝阳阁、大观楼等，还有正在筹建的文化墙。入夜，霓虹明灭，华灯辉耀，沿江风光带上人影幢幢，荡漾着情侣的款语，童稚的嬉闹，老者的謦咳，女人的说笑。广场舞大妈载歌载舞，太极拳大爷亦柔亦刚，好一派康宁和乐的盛世景象。

津市的人居环境和生态环境有了前所未有的改善，一座有着悠久历史的古城焕发出新的光彩，成为一座处处鸟语花香，在在流光溢彩的新型城市，津市城镇乡村的人民获得了实实在在的幸福感，老百姓的日子过得越来越滋润。

澧县与津市在一个个轮回中由家人父子、手足兄弟到欢喜冤家，历史上分分合合，若即若离。两者之间有血浓于水的亲缘，也有剪不断的利益链。如今在时代发展的大潮中，两家又开始谋划一个新的美好愿景——津澧融城，建设现代化的澧水流域中心城市。相信通过两地人民的努力奋斗，美好的愿景必然会如期实现，千年古州，百年商埠，将共同演绎出新时代的沧桑巨变，抒写更加壮美的灿烂篇章。

（谭远辉，湖南省文物考古研究所副研究员）

目　录

后 记

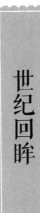

世纪回眸

芬兰传教士镜头下的旧津市

　　清光绪二十七年（1901），牧师苏布伦（即石约翰）受基督教芬兰差会派遣来华传教，次年由沙市抵津，为芬兰传教士来津传教的第一人，也是第一个用镜头记录清末民初津市风物的西方摄影师。其后芬兰教会宣教副总监 Hannu Haahti、津兰中学校长葛兰夫人和艾琳等亦相继在津拍摄了大量照片，为我们留下了弥足珍贵的历史记忆：亘古流淌的澧水河，岸边密如蜂巢的吊脚楼，覆满苍苔的石板路，店招蔽日的街衢，堂皇巍峨的宫庙，教会办的学校和医院，市井百态，人间世相……一页页泛黄的照片，仿佛在无声地诉说着一个世纪前发生在津市这块土地上的早已尘封的故事，召唤人们回望那个再也回不去的斑驳陆离的故乡。

　　（1949 年以前的照片除标明者外均为芬兰国家博物馆、芬兰国家档案馆馆藏照片，不再一一说明）

澧水河——故乡的河

澧水河从古至今究竟流淌了多少年，恐怕谁也说不清楚，但芬兰人百年前留下的这组照片，则无疑是我们今天所能看到的这条故乡河最早的面目，让人感慨万端而又浮想联翩。这条河在注入洞庭的最后一刻，孕育、滋养了我们生活其中的这座湘北小城，也滋养了一代又一代的津市儿女。从这些照片中，我们或可窥见先辈们傍河而居，劳作、生息的情景，遥想当年岸边小城里不断演绎的兴衰聚散、悲欢离合的故事。

▲ **津市澧水河上的摆渡船** （摄于 1902—1920 年间）

▲ **津市的船** 津市澧水北岸，吊脚楼边泊满了等待装卸的帆船。帆船种类繁多，达十余种，主要有澧水船（又称上河船，多航行津市以上澧水干流）、九澧驳船（又称津市驳船，多航行津市以下洞庭湖及湘、资、沅及长江诸水）、津市板划（短途拨运）、岩板船（跑涔水、道水等澧水支流）等。（摄于 1902 年 1 月 1 日）

▲ **赛龙舟**　百多年前澧水河上赛龙舟的盛况：两岸人山人海，船篷上也尽是伸颈观赛的人。古老的传统，一脉相承，至今未曾中断。(摄于 1902—1906 年间)

▲ **观音桥码头**　观音桥码头又称"江西码头"，素有"津市大码头"的美誉，可谓"舳舻蚁集，商贾云臻，连阁千重，炊烟万户"。初为毛岩所垒，较窄，1933 年始改砌麻石并拓宽。图为码头边人头攒动、楼台高耸、樯橹杂陈的热闹景象。图中楼阁为观音阁。(摄于 1902—1906 年间)

▲ **津市河渡** 民国时期，大码头、江西义渡最盛时有渡船 8 艘，另有五通庙、观音桥、汤家巷、油榨坊等民渡 4 处，最多时有船 50 余艘。上图为河面渡船往来如织梭的景象，足证其时津市人流众多，经济活跃，故南来北往者络绎不绝。（摄于 1902—1908 年间）

▲ **过河的挑夫** 面对镜头略显慌乱，也许头一次见到相机这种新玩意。脚前的担子应是篾篓装的桐油，其时津市每年的桐油集散量已达两万担左右。（摄于 1914 年）

▲ **摆渡的老人** 衣衫褴褛，满脸沧桑，足见谋生不易。（摄于 1923—1949 年间）

▲ **岸边风景** 码头边停泊的船只如行兵列阵，蔚为壮观。图中楼阁为朝阳阁（大码头），朝阳阁为镇最高处，
登其巅，全市在目。（摄于 1925—1945 年间）

▲ **河边休憩的妇孺**　背景为津市河街的吊脚楼,密如蜂巢,较之沈从文笔下的湘西吊脚楼亦毫不逊色。(摄于 1920 年代)

▲ **津市鸟瞰**　其时津市为湘鄂边、九澧一带重要商埠,在湖南具举足轻重的地位,尤以棉花、桐油市场为最。据 1935 年《湖南实业杂志》载:经此集散的棉花 25 万担,占全省销量 43 万担的 55.7%,全省棉花及棉纱价格均由"津帮"商人定夺。津市还是全省第二大桐油市场,全省年产桐油 55 万担,在津市集散达 10 万~13 万担。(摄于 1933 年)

津市的街市

清末至民国时期，津市一直保持"四街四十八巷"的城市格局，市面店铺鳞次，酒楼栉比，为九澧流域和湘鄂边境商贸重镇，闻名遐迩。这组照片或可管中窥豹了解其时津市的繁华景象。

▲ **津市一隅** 城区位置应在步行街上首一带，对面为彰观山。（摄于 1914 年 4 月 11 日）

▲ **津市正街** 正街为其时津市商贸最繁盛处。（摄于 1901—1926 年间）

▲ **新洲街景** 右边建筑应为福音堂。（摄于 1914 年）

▲ **商会后街** 位置约在现中医院附近。（摄于 1927 年前后）

▲ **通向河边的小巷** 挑桶的人应是去河边挑水的。（摄于民国时期）

▲ **津市街景** 吸水烟的老妪、着长衫的行人，再现了一个侧面的市井与民俗。图中有"图书石印厂"的招牌，其时津市已有十余家印刷馆及数十家书纸店和附属的印刷作坊。（摄于 1924 年后）

▲ **福音堂侧门** （摄于 1904—1938 年间）

▲ **二神庙后街** 背景建筑为福音堂（摄于 1920—1925 年间）

▲ **二圣庙后街** 路面铺上了麻石，环境有了较大的改善。（摄于 1923—1949 年间）

津市的陆路客运

清末、民国时期,津市的陆路客运除轿外,尚有畜力、人力车、汽车等。轿行有"八抬"之说,即8家出租轿行,1912年前后有轿工240余人,轿是较常见的代步工具。仁和垱、一文拐、灵官殿轿行以短途为主,牌楼口、关庙街、谷家巷、二神庙、新建坊轿行则侧重长途。1934年,李九卿、金慕儒、余树仁等人合组"利津人力车行",有车120辆(备案),实际出车30辆。1934年,津市始有汽车运输。

▲ **行走在街上的轿夫** (摄于1901—1910年间)

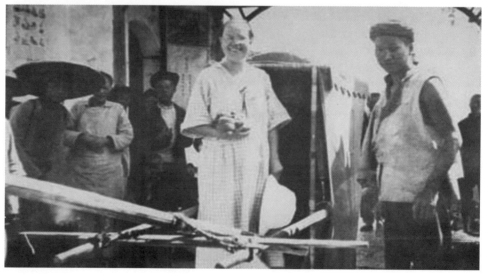

▲ **雅德医生租轿** 雅德医生为芬兰医学博士,津兰医院院长。(摄于1924—1929年间)

▲ **租毛驴旅行** 毛驴也是代步工具，这是津市一处出租毛驴的地方。（摄于 1914 年）

▲ **汽车站停靠的卡车** 津市汽车站始建于 1935 年，属湖南省公路局常澧桃段，有职工两人。（摄于 1935—1949 年间）

▲ **汽车站前的人流**　抗战时公路被毁，汽车站撤销，抗战胜利后恢复。（摄于 1935—1949 年间）

市民生活

　　清末、民国时期，境内殷实工商业主生活优渥，锦衣玉食。大多数城市贫民则穷愁潦倒，度日维艰。通过下面这组照片，可管窥其时市民生活之一斑。

▲ **津市民居**（摄于 1928 年）

▲ **街头小贩** 其时津市最底层的城市贫民，终年劳碌，尚难图一温饱。工人、店员有失业之忧，小商小贩有蚀本之虞。（摄于 1928 年）

▲ **棚屋的贫困儿童** （摄于 1928 年）

▲ **洗衣的女孩** （摄于 1928 年）

▲ **郊外的放牛娃** （摄于 1914 年 3 月）

▲ **传教士与贫民** （摄于 1921 年）

▲ **宴会** 明中叶起，津市酒筵业即颇具规模，何景明"江边酒楼宴估客"足可佐证。清末，浔阳楼、新合楼相继开业，餐馆酒楼遍地开花，水府庙的玉珍楼、大码头的集贤楼、江西码头的大观楼、夹街的企园酒家、谷家巷的桃源楼及盟华园、玉盛锦等无不争奇斗艳。上图或为福音堂内餐厅，亦即原吴家花园客堂，赴宴者中外兼有，或长袍马褂，或西装革履，应是上流社会的聚餐。中间主桌为喜渥恩、苏布伦、葛纳仁等芬兰牧师和医生。据《近代湖南社会变迁》载："澧州官府盛情招待当地传教士，三日一小宴，五日一大宴。"（摄于1914年2月）

▲ **酒席** 隔座送钩春酒暖。（摄于1923—1949年间）

▲ **后湖排渍** 图中水车一直沿用至今才进入博物馆。(摄于 1914 年 2 月 5 日)

▲ **纺织厂的生产车间** 津市纺织业发轫较早,所产青布明中叶即列为朝廷贡品。清光绪三十四年(1908),龙虞臣等人集资创办惠中纺织公司,以改良铁木织机生产布匹、毛巾,有工人 150 ~ 200 人。此照疑为惠中公司生产车间。(摄于 1914 年 3 月 17 日)

▲ **结婚照** （津市保记照相馆摄于 1923 年 1 月）

宫庙会馆

境内佛教源远流长,唐贞元元年（785）,惟严禅师建慈云寺于药山下,开创南宗。唐咸通年间（860—874）,邑人陈氏改宅为寺,曰"古大同寺",开为九祖道场。至清代,各类寺庙星罗棋布,许多会馆亦成礼佛场所,民间遂有"九庙十八宫"之说。

▲ **大同寺** 在关山北麓澧水河畔,1924年改作津兰医院,1950年代建澧东油厂。(摄于 1925—1926 年间)

▲ **太子庙** 位于果园,明华阳王后裔建。

▲ **关庙春秋楼** （摄于 1914 年）

▲ **关庙**（山陕会馆） 位于建设路中段南部（原关庙街），建于明代，清代重修占地 10 余亩。1930 年，4 间出租，租金资助澹津女校。后毁于火灾，残存房屋 1949 年尚在。（摄于 1914 年 3 月 17 日）

▲ **关庙大殿** （摄于 1914 年 3 月 17 日）

▲ **刘公庙** 位于今金龙庙处，相传为纪念设计调解本帮商人与外帮商人矛盾的刘公而建。

▲ **万寿宫（江西会馆）前的戏剧演出** （摄于 1914 年 1 月 22 日）

▲ **吉安会馆** 吉安会馆为江西吉安府籍士商募建。光绪《万寿宫志》载："津市人口五省杂处，而以江西为最多。"会馆是商人交往的平台，津市江西同乡会除了万寿宫外，还有昭武会馆和水府庙。（摄于1914年3月16日）

▲ **昭武会馆** 原为明华阳王行宫，位于果园，不知何时演变为昭武会馆。九澧英雄多会于此，相传杜心武曾在此习武，1904年，他东渡扶桑，最后成了孙中山的保镖。民国时期，江西商人买下武馆，建起江西贾客公园，后又成了抚州会馆（今桥南广场处及以西地段）。（摄于1916—1921年间）

福音堂

　　清同治十二年（1874），道台吴经湘（津市人）告老还乡，在二圣庙后街兴建私家园林，园内风亭月榭，花窗亮格，曲径回廊，颇具江南园林之胜。三十年后的清光绪二十九年（1903），芬兰传教士苏布伦（又名石约翰）看中这块福地，在与经纪人一番讨价还价后，最终以 6000 银元的高价买下，并改造成一座北欧风格的基督教堂——福音堂。至 1953 年最后一位传教士白光明回国，前后共有 89 位芬兰传教士在此居住、生活过。他们在传经布道的同时，还开医院、办教育，闲暇时还用当时尚称高科技的相机将旧津市的风景定格在照片里。传教士们走了，多少年过去，不少人仍念兹在兹，忘不了他们人生中的这一重要驿站，有的在改革开放后还远涉重洋重返故地，追寻自己当年的足迹。

▲ 吴家花园

苏布伦，1874年12月6日出生，1901年被派往中国传教，是第一个将西方文化带到澧水流域的芬兰人，也是第一个用镜头和文字详细记载晚清津市的西方人。1902年年底，他坐船来到津市，曾在日记中写道："12月13日（星期六），经过一夜漫长而凛冽的寒风，我们的船终于抵达了港口，旅行的目的地——津市，目睹了一幅繁华雄伟的景象，岸边桅樯如林，城里楼阁万重，眼前的一切表明，我们到了湖南最繁华的商业城市。"1903年3月，苏布伦在津市河街租了一栋房子，次年初买下道台吴经湘的庭院，改造后于1904年11月7日将教会迁到新教堂——福音堂。

苏布伦在传教之余，把教育作为他必须做好的头等大事。在其操持下，津兰学堂如期开学。其"穷人的孩子也要像富人的一样，有尊严地学习和生活"的办

▲ 芬兰传教士苏布伦与夫人苏德曼

学理念，与孔子的"有教无类"不谋而合。医疗是苏布伦关心的另一个重点，1912年，重返津市的苏布伦在医生汉纳斯创办的信义会济澧医院（未几改名为津兰医院）的基础上扩建，新修一栋两层楼房作为住院部，设病床6张，为津兰医院的发展奠定了基础。

1944年12月2日，苏布伦在上海逝世，享年70岁。应该说，苏布伦是中芬文化和经贸交流的先行者（后曾负责中芬贸易工作），为中芬文化和经贸交流贡献了毕生精力，最后长眠于中国大地，是一位值得我们缅怀的国际友人。（配文参考了韩川《迷路的羔羊》）

▲ **传教士与教民** （摄于 1904 年）

▲ **传教士与教民** （摄于 1905 年）

▲ **福音堂里的信众** 津市福音堂至清末时在市民中已有一定影响，入教市民近 300 人，遍及各阶层。1915 年，成立基督教湘西信义总会，隶芬兰差会，会址设于津市福音堂。（摄于 1907 年 12 月 25 日）

▲ 女信众

▲ 津市福音堂成立十周年传教士与教民合影 （摄于 1912 年 12 月）

▲ 新洲福音堂里听布道的小信众 （摄于 1914 年）

▲ **福音工作站** 福音堂设立于大巷口河街的第一个街道礼拜堂，故称津市第一站。（摄于 1914 年 3 月）

▲ **福音堂门房内等客的轿夫** 乘客多为参加礼拜或拜访传教士的有钱人。（摄于 1914 年 3 月）

▲ **福音堂内的庭院** （摄于 1920—1947 年间）

▲ **在福音堂布道的芬兰神父** （摄于 1921—1923 年间）

▲ **福音堂牧师宿舍** （摄于 1921—1925 年间）

▲ **福音堂布道处** （摄于 1923—1949 年间）

▲ **庆功会** 1924 年 5 月，46 岁的澧州镇守使唐荣阳在湖南省第 7 届全省运动会上夺得男子万米锦标赛
冠军，一时轰动。又据《湖南省体育史资料》载："澧州镇守使唐荣阳，热心倡导体育，在澧州创办了
体育学校，并派镇守使署的学生队来大会参加比赛和表演……为此次大会增色不少。"此图为 5 月 28 日，
唐荣阳（握军刀者）与军乐队在福音堂举行庆功会合影。

▲ **信众合影**（摄于 1932 年）

▲ **郊游的传教士** （摄于 1933 年 4 月）

▲ **被淹的福音堂后院** 1933 年大水，后湖的水灌进了福音堂。（摄于 1933 年 6 月 20 日）

▲ **福音堂举行的圣诞庆典** （摄于 1935 年 12 月）

▲ **福音堂留影** 左起: 牧师甘德伦、吴雅各，教师谢深恩、宋教士，护士谢安琪。（摄于 1945 年）

▲ **乘船去医疗** 背景为皇姑山。（摄于 1933 年 4 月）

▲ **教区公墓** （摄于 1914 年 3 月 16 日）

津兰学堂

光绪二十九年（1903），苏布伦在福音堂内创办津兰学堂，同年12月3日，学堂开学，共有学生3人，月底增加到10人，其中包括澧州州判之子。尔后学生遂逐步增加。1904年秋，苏布伦将吴家花园改造成教室和学生宿舍，使学堂成为一所全日制的寄宿学校。宣统二年（1910），信义会津兰学堂易名为津兰中学，设初小（3年）、高小（2年）和中学（4年），开设中文、文学、地理、外文、圣经等课程，课余组织学生做祷告。苏布伦亲任校长，继任校长均为芬兰人，大革命前设有中国副校长。1926年12月中旬，津兰中学和津兰女校先后关闭。1928年复校，中学和女校停办，易名为澧县私立津兰学校，男女同校，由津市基督徒组成学校董事会，中国人担任校长，芬兰传教会有人分管。1940年夏，在天后宫设津兰中学。1941年春，津兰中学停办，津兰小学继续开办。1950年1月，津兰学校关闭。

▲ **津兰学堂的教学楼** （摄于1902—1906年间）

▲ **津兰学堂师生** （摄于 1903 年 12 月）

▲ **津兰学堂的寄宿生** （摄于 1904 年秋）

▲ 津兰学堂师生与澧州营水兵在华阳王府前合影 （摄于 1904 年 7 月 12 日）

▲ 津兰学堂师生合影 （摄于 1905 年 7 月 1 日）

▲ 津兰学堂师生合影 （摄于 1908 年）

▲ 津兰学堂师生合影 （摄于 1911 年）

▲ 津兰学堂师生春游留影 （摄于 1920 年）

▲ 津兰学堂师生合影 （摄于 1921 年）

▲ 津兰学堂师生合影 （摄于 1922 年）

津兰小学

　　光绪二十九年（1903），苏布伦在福音堂内创办津兰学堂，即津兰小学，为境内现代小学教育之始。小学实行五年制，开中文、古典文学、算术、地理、历史、英语等课程。苏布伦亲任校长，中国老师负责大部分教学。

▲ **津兰小学毕业班师生合影**（摄于 1946 年）

津兰女校

光绪三十一年（1905）九月，芬兰牧师苏布伦的夫人苏德曼抵津，在福音堂创办津兰女校，次年开学。两年后由蓝仲玉主持校务。学校以培养护士和教师为主，最初的十几位学生后来大多数成为澧水流域第一批中国女教师。

▲ 津兰女校校长蓝仲玉和她的学生们 （摄于 1910—1914 年间）

▲ 校长蓝仲玉给孩子们上课 （摄于 1914 年 3 月）

▲ **正在教室用功的女学生** （摄于 1910—1914 年间）

▲ **津兰女校在上课** （摄于 1911 年）

▲ **津兰女校教师** 黄宽苏是最早派往九江卫理公学女子中学学习的学生，毕业后回校任教。（摄于 1907—1908 年间）

▲ **津兰女校学生** （摄于 1923—1949 年间）

▲ 津兰女校学生合影 （摄于 1914 年 3 月）

▲ 津兰女校校舍一角 （摄于 1914 年 3 月）

▲ 毕业了，来一张（摄于1914年3月30日）

▲ 校长夏珍恩、教师谢深恩和毕业生合影（摄于1926年春）

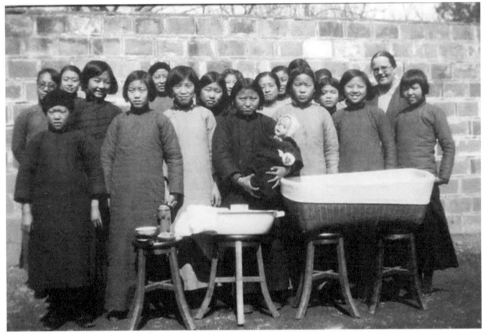

▲ 津兰医院院长雅德和津兰女校护士班的学生 （摄于 1925—1929 年间）

▲ 津兰女校的假日聚会 （摄于 1920—1929 年间）

▲ 津兰女校缝纫课后合影 （摄于 1936 年）

▲ 津兰女校学生合影 （摄于 1925—1949 年间）

津兰中学

清光绪三十三年（1907），津兰学堂设中学部。清宣统二年（1910），改称为津兰中学，学制四年。1927 年起改为三年制，1941 年春停办。

▲ **津兰中学教室**（摄于 1914 年 3 月 17 日）

▲ **津兰中学新校舍** （摄于 1921—1925 年间）

▲ **津兰中学上课的学生** （摄于 1914 年 3 月 17 日）

▲ 津兰中学师生合影（摄于 1914 年）

▲ 津兰中学师生合影（摄于 1922 年 5 月）

津兰幼稚园

1924 年，芬兰中华基督教信义总会津市区会在福音堂内创办津兰幼稚园，由芬兰传教士苏布伦夫人苏德曼女士主持，为津市幼教之始。

▲ **做游戏的孩子们** （摄于 1923—1949 年间）

▲ 孩子们和老师在一起 （摄于 1915—1928 年间）

▲ 芬兰牧师贝玉文和孩子们在福音堂院子里玩耍 （摄于 1925—1949 年间）

▲ **孩子们和老师的合影** （摄于 1925—1949 年间）

▲ **1937 年圣诞节，津市区会在福音堂的合影** （前排为津兰幼稚园的孩子们）

▲ 津兰幼稚园全体师生合影 （摄于 1946 年 12 月）

▲ 雅德、邵安乐、贝玉文、白光明等与幼稚园的孩子们合影 （摄于 1949 年春）

▲ 津兰幼稚园庆祝六一儿童节留影 （摄于 1952 年 6 月）

▲ 原津兰医院院长席安琪女士参访津市火花幼儿园 （摄于 1986 年）

津兰医院

光绪三十三年（1907），芬兰人汉纳斯（中文名赫约翰）与英格兰人玛莎受芬兰教会聘请来到津市，在福音堂边设置西医诊所和戒毒（鸦片）所，此为西医在澧水流域传播之始。1909年，汉纳斯回国后，由葛纳仁医生负责教会内部的医疗工作。1911年，汉纳斯妹妹珍珠（中文名赫玉成）医生来津市，负责门诊部工作，两年后教会扩建诊所，添置病床，创建现代医院，正式命名为"津兰医院"，委任珍珠为院长。1918年，葛纳仁任津市红十字会首任会长。1924年，津兰医院在皇姑山大同寺扩建，设有30张病床，由中国医生刘泽民负责接待男患者；市区原医院一些病床，由芬兰医生雅德负责接待女患者。1927年4月，刘泽民将津兰医院迁往津兰女校。1939年4月17日，医院遭到火灾后，病床减少为12张，在163医院医生的支持下，勉强维持。抗战胜利后，国际基督教联盟和国民政府拨款重建津兰医院。津兰医院也第一次同时有两名芬兰医生雅德和邵安乐。余赉周、刘泽民等中国医生曾任医务主任，院长均由芬兰人担任，如医生汉纳斯、葛纳仁、珍珠、雅德。护士许履义、方玉仁、席安琪以及医生雅德在津兰医院工作时间最长。

▲ 汉纳斯（中文名赫约翰）和玛莎在津市成婚（摄于1907年）

▲ 珍珠医生（中文名赫玉成）

▲ 芬兰传教士及医护人员合影 （摄于 1914 年）

▲ 津兰医院近景 （摄于 1925—1926 年间）

▲ 津兰医院候诊室 （摄于 1914 年 3 月 30 日）

▲ 津兰医院诊疗室 （摄于 1914 年 3 月 30 日）

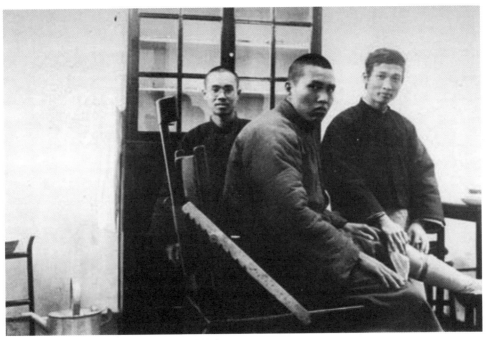

▲ **津兰医院诊疗室** （摄于 1923—1949 年间）

▲ **津兰医院的药房与药剂师** （摄于 1923—1949 年间）

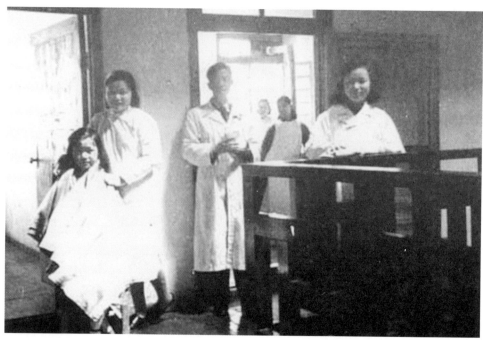

▲ 津兰医院医务人员 （中间男子为护士傅开义，摄于 1923—1949 年间）

▲ 芬兰教师李佩华和参加神学班的学员合影 （摄于 1920—1949 年间）

▲ 医院患者及工作人员 （摄于 1931—1935 年间）

▲ 津兰医院的女护士 （摄于 1930—1939 年间）

▲ 津兰医院院长雅德与医院同事合影 （摄于 1931—1949 年间）

▲ 津兰医院医护人员合影 （摄于 1936 年 3 月）

▲ 抗战期间津兰医院部分医务人员合影 （右 4 雅德、左 2 朱纯厚、左 3 韩明楚）

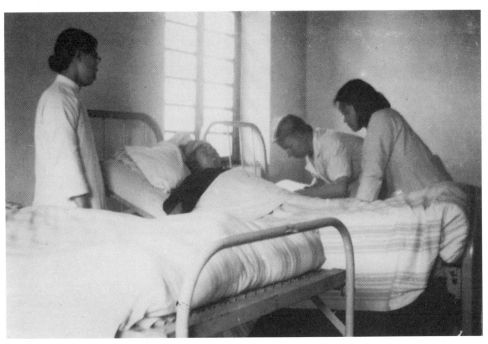

▲ 芬兰医生邵安乐给病人做注射治疗 （摄于 1946—1949 年间）

▲ 津兰医院的院子 （摄于 1923—1949 年间）

▲ 医生与护士 （摄于 1923—1949 年间）

▲ 津兰医院女护士 （摄于 1930—1940 年间）

▲ 津兰医院医护人员 （摄于 1948—1949 年间）

▲ **旧地重游** 1984 年，邵安乐率芬兰医师团访问津市人民医院，这些芬兰医生对曾经生活、工作过的地方充满感情，抚今追昔，唏嘘不已。（津市人民医院 / 供图）

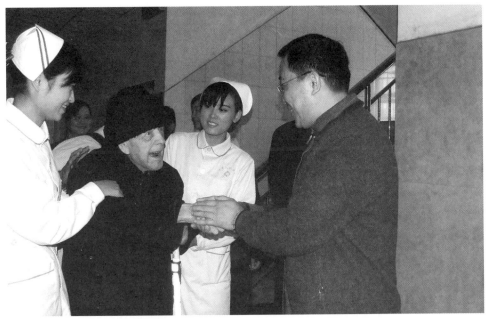

▲ **旧地重游** 2011 年 10 月，人民医院百年庆典前夕，百岁老人——最后一个离开津市的芬兰牧师白光明造访人民医院。（津市人民医院 / 供图）

大同医院

大同医院于1927年创办，创办人余赉周受芬兰基督教会资助，相继入英办大同医学院、齐鲁医科大学学习，毕业后回津为教会服务，曾任津兰医院院长。1927年，余赉周脱离津兰医院，在商会街谷家巷自办普济诊所，不久改名为大同医院，有医生、学徒10余人从业。医院设门诊、住院各科，有病床35张，能开展清创缝合、截肢、剖腹取胎等手术，独步九澧一带。1933—1935年，该院由澧县政府设为戒烟（鸦片）医院，1938年又分出医务人员、药械支援抗日伤兵医院，此时为大同医院全盛期。1941年，商会街大火，医院损失惨重，次年易址重开，已不复当年光景。

▲ **大同医院**（津市人民医院／供图）

津市邮政局

　　清光绪二十七年（1901），津市设邮政自办分局，开常德范围内先河，隶岳州关税务司。清宣统三年（1911），分局改支局，隶常德副邮界邮政分局。辛亥革命后，易名为中华邮政分局，隶长沙府分局。1914 年，津市邮政局列省属二等邮局，为常德唯一最高等级邮局。至 1929 年，其被已定为省内六个甲级局之一。

▲ **津市邮政局全体合影** （姜正才 / 供图）

保甲制度

　　保甲制度为民国时期县以下的基层行政组织制度，其特征是以户为社会组织的基本单位，设户长；十户为一甲，设甲长；十甲为一保，设保长。保长兼任国民学校校长和壮丁队队长。1938年，澧县废区扩乡，津市由澧县第二区改为津市镇，划出两乡，保留市区，设镇公所，张平任津市镇长，镇以下划分为14保，196甲，共计4320户，21424人。第六保辖区为观音桥至太子庙，图中曾保长叫曾庆鸣，或为正中穿中山服者。1950年7月，市人民政府根据湖南省委取消保甲制度的指示，市区改设居民委员会，郊区设窑坡、阳由、复兴、护市4个乡。至此，津市保甲制度宣告废止。

▲ 津市镇第六保全体同人与曾保长留别摄影 （摄于1937年）

津市轧花厂

　　津市轧花厂是境内第一家省属企业，是湖南省创办最早、规模最大的机械轧花厂。1932年，省建设厅实行棉场合作计划，拨洋4万元给棉业实验场采购优良棉种6800余担，给滨湖各县贷放，成立合作棉场，由棉场在津市设立轧花厂。轧花厂旋在关庙街租赁伍葆元私宅，装置机械，设立车间。1933年，厂迁至汪家桥下首，新建车间、仓库、办公楼及宿舍，面貌焕然一新。1935年洪灾，工厂无花可轧。1942年又遇火灾，损失尤惨。1943年日军南下，轧花机被日军焚毁大半，工厂遂成颓势，一蹶不振，1949年以后才重获新生。

▲ 津市轧花厂同仁合影 （摄于1932年，韩川/供图）

▲ 湖南棉业试验场讨论会 （摄于1933年，韩川/供图）

▲ **津市轧花厂收花所收购棉花** （摄于 1932 年，韩川 / 供图）

▲ **津市轧花厂轧花车间** （摄于 1932 年，韩川 / 供图）

▲ **津市轧花厂搬迁后全景** （摄于 1934 年，韩川 / 供图）

新华工厂

　　1942 年 7 月，浙江铁工厂（抗战初期在浙江丽水建立的一家兵工厂）因日军犯境，被迫疏散机器，遣散工人，停办工厂。该厂地下党员李群、高培勋、仇甬夫等人决定转移内地，另谋出路。是年 7 月，仇甬夫率 5 人从浙江龙泉出发，徒步行走 2 千多里，在衡阳与先期到达的李群会合，于 1942 年冬辗转来到津市，先在新洲皮家台建起简陋的弹棉机厂，后迁到津市油榨街，更名为新华制造弹棉机器工厂（简称"新华工厂"）。1943 年 5 月 1 日，工厂正式投产。有 6 尺旧车床 1 台，生产"星球牌"人力弹花机，兼营机械修理。1944 年 4 月，新华工厂党支部成立，李群任书记，高培勋任组织委员，仇甬夫任宣传委员，并借鉴浙江铁工厂地下党组织的经验，秘密组织起读书会、识字班，以提高工人的文化水平和政治觉悟，从中吸收优秀人员入党。该党支部成为津市在抗日战争时期唯一坚持下来开展活动的党的基层组织。

▲ **新华工厂部分创建者**　左起：张勤、高培勋、李群、贾劲生、仇甬夫。（津市党史办 / 供图）

▲ **新华工厂生产的"星球牌"弹花机**　倚靠滨湖棉区的市场优势，抗战胜利后业务一度兴盛，产品畅销省内外。职工由最初的 10 来人发展到 40 多人。（摄于 1946 年 3 月 29 日，津市党史办 / 供图）

流年碎影

新津市 70 年影像志

　　1949 年 7 月 23 日，津市和平解放，8 月 4 日成立津市市人民政府，迄今已整整过去 70 周年。70 年沧海桑田，昔日的湘北小镇，已蝶变为颇具规模的现代城市。为反映这一深刻变化，编者披沙沥金，认真甄选了 400 多幅新中国成立后津市各个历史阶段的珍贵照片，辑成一册，聊备鉴赏。照片是某个具体场景的如实记录，比任何文字的描述具有更加令人信服的准确性、客观性、真实性，其传达的信息也更直观、更容易使读者产生共鸣。透过一幅幅生动的画面，70 年风云尽收眼底，我们或可从中更深刻地认识历史，更清醒地了解现实，更强烈地感受时代潮流奔涌向前的气息，其存史、资治、教化的功能也是十分明显的。

1949—1966

大会师

　　1949 年 7 月 23 日，湖南人民解放总队"第四突击大队"进入津市，宣布津市和平解放。25 日，解放军第 49 军 147 师一部指战员进津。8 月 3 日，南下工作队抵津，三支队伍胜利会师。4 日，南下干部和地下党员大会召开，宣布中共津市市委成立。5 日，公告津市市人民政府成立。市委市政府各工作机构相继组建，肩负起接管建政、建设新津市的历史重任。

▲ **大会师**　这是大会师后，全市干部在市委院内的首张合影。（津市档案局 / 供图）

节日庆典

新中国成立初，每逢重要节日，津市都会举行盛大庆祝活动。人们集会游行，载歌载舞，沉浸在一片欢乐的海洋中。新的社会，必然有新的气象。

▲ **1950 年的元旦** 津市解放后的第一个元旦节，各界聚会庆祝。会场旗幡如林，人山人海，洋溢着扑面而来的喜庆气氛。人们的眼神中充满对新中国的希冀、对美好生活的憧憬。（津市档案局 / 供图）

▲ **庆祝妇女节** （摄于 1951 年，津市档案局 / 供图）

▲ **1951 年的国庆** 这是位于原三洲驿街口（现金城银座临街处）的一座用松枝搭建的彩门，搭建彩门为当时庆祝节日盛典的重要形式。两旁的对联彰显了抗美援朝的时代背景："同心协力制止美帝侵略战争，节衣缩食支援朝鲜爱国行动。"照片中的人物是津市第一职校的师生，其时津市总工会成立职工业余教育委员会，下设五个职校，以序数冠名，主要负责职工扫盲。（津市档案局／供图）

▲ 中国少年儿童队员第二届宣誓典礼 （摄于 1952 年 12 月 6 日，津市档案局／供图）

新中国成立初期的工、青、妇干部

所有那个时代的一系列政治、社会活动如增产节约、抗美援朝、土地改革、扫盲识字、贯彻婚姻法等等都少不了他们的身影。

▲ 津市市总工会执行委员合影 （摄于 1950 年 12 月，陈洪洲 / 供图）

▲ 中国新民主主义青年团津市市委员会成立合影
（摄于 1949 年 11 月，津市档案局 / 供图）

▲ 津市市民主妇女联合会筹备委员会成立合影
（摄于 1950 年 12 月，津市档案局 / 供图）

秧歌队

秧歌是那个时代最风行的表演形式，其时津市各行各业均成立有这样的秧歌队伍，每逢节日或喜庆活动，秧歌队便走上街头，跳起秧歌，表达内心的喜悦。

▲ **津市市南货业店员工会秧歌队成立纪念** （摄于 1950 年，周天声 / 供图）

▲ **秧歌队合影** （摄于 1950 年，津市档案局 / 供图）

1950 年代初的工厂

1950 年代初，正处国民经济恢复时期，津市除将旧政权遗留的工厂转为国营，并采取多种形式扶持私营企业和手工业者，鼓励原商户转营工业，遂由此产生了境内最早的一批国营和公私合营的企业，为以后津市工业的长足发展奠定了基础。

▲ **新华工厂五一劳动节合影** 后排白衣者为魏泽颖，1947—1948 年相继任中共津市支部书记、总支书记。前排左二为时任市委书记兼总工会主席王树桥，前排右一为仇甬夫，右二为陈洪洲，后排左一为吴兴元。（摄于 1951 年，陈洪洲 / 供图）

▲ **澧津烟厂** 1950年，湖北沙市复兴烟厂迁津市，与津市政府合办公私合营澧津烟厂。1952年遵常德专署令，津澧烟厂停办，人员、器材移交常德河洑烟厂。生存仅两年的澧津烟厂令津市人至今痛惜不已。图为澧津烟厂团支部欢送方大金、张哥克光荣参军临别纪念。（摄于1951年7月1日，津市档案局/供图）

▲ **澧津烟草公司工会全体会员临别留影** （摄于1952年5月17日，蒋新建/供图）

▲ **螺钉厂开工典礼全厂职工合影**　1954 年年底，螺钉厂建成投产，是当时津市最现代化的工厂，填补了湖南螺钉生产的空白。二排左 5 为市委书记王树桥，右 4 为上海技师王广训，右 5 为上海技师沈兆海，前排左 3 为筹建负责人、副厂长朱永濂。（摄于 1954 年 12 月 19 日，朱永濂 / 供图）

▲ **建新机制砖瓦厂**　1953 年，皇姑山麓两家砖瓦厂合并，并迁至窑坡渡新址。次年更名为津市建新机制砖瓦厂，采用铁模手压机生产红砖、平瓦。时有手压砖机 30 台，手压平瓦机 1 台。

▲ **被封杀的澧东油厂**　于 1951 年集资组建的津市澧东油厂，因适应市场需求，湘鄂边十数县向其提供原料，工厂兴旺，独步九澧。1954 年后，因食油统购统销，工厂受原料供应制约。至 1970 年代初，原料来源遂绝，苟延至 1977 年关门停产，令人扼腕长叹。（摄于 1959 年，津市档案局 / 供图）

劳模黄武英

1956 年起，16 岁的黄武英在白衣乡参加农村扫盲工作，在田间地头，她边务农边教学，还与同事一道先后办民校 14 所，开扫盲班 100 多个，脱盲 4200 多人。她将自己的经验编成教材，成为当时农村扫盲的主要课本，其事迹被拍成电影纪录片《山村文化乡》在全国放映。1960 年，黄武英被国务院授予先进工作者称号，1983 年，湖南省工会确认其为全国劳模。

▲ **劳模黄武英** （摄于 1960 年，黄武英／供图）

代表会议

1950 年代的代表会议颇具时代色彩：简约、庄重，更重要的是与会者均怀着一颗虔诚之心和深深的使命感。

▲ **中国共产党津市市第一次代表大会全体代表合影**　中国共产党津市市第一届代表大会于 1956 年 5 月 23 日至 25 日召开。大会通过的决议具有鲜明的时代特征：争取农业合作社均增加生产，90% 的社员增加收入，各行各业为农业服务。继续贯彻党对农业、手工业、资本主义工商业的社会主义改造，保证超额完成第一个五年计划。大会选出由 14 名委员和 4 名候补委员组成的首届委员会，由 6 名委员组成的常务委员会。王启功当选为市委书记。（摄于 1956 年 5 月 25 日，津市档案局 / 供图）

▲ **津市第一届妇女代表大会合影** 1955 年 3 月，津市第一届妇女代表大会召开，成立津市市民主妇女联合会，选出首位市妇联主任裴梅芳。二排左 6 为市委书记王树桥，左 3 为裴梅芳。

▲ **先进生产（工作）者代表大会** 那个时代每年一次的先进生产（工作）者代表大会能让许多人热血沸腾。（摄于 1957 年 12 月 1 日，津市档案局 / 供图）

文艺演出

　　津市的文艺演出活动有着深厚的群众基础，1957年，津市举行首届春节文艺汇演，1959年后定为一年一次，各单位均派代表队参演，上千人登台，成为小城居民一年一度的文化盛事。1950年代末，一个街道团支部也能将曹禺名剧《雷雨》搬上舞台，着实让人惊叹！

▲《逛新城》会演纪念　（津市档案局／供图）

▲ 津市人民街团支部《雷雨》演出后合影　（摄于1958年8月25日，津市档案局／供图）

小学生

▲ **小学生**　这张照片或许会勾起许多老年人的童年回忆。(摄于 1950 年代,津市档案局 / 供图)

抗美援朝运动

▲ 周其刚 （津市档案局／供图）

　　据档案记载，仅 1950 年，津市共有 26 人参加志愿军，战争期间有 17 位津市籍军人牺牲在朝鲜。1951 年，津市各界认捐 19.718 亿元（旧币），足够购买一架战斗机。11 岁的豫章小学（今二小）四年级学生周其刚，为了捐款，省下母亲给他的中餐钱，抱着病弱之躯挑水卖，把每一文积攒的钱全部交给募捐组织，直到临死，还拼尽全身力气高唱《中国人民志愿军战歌》。《新湖南报》曾以《一个热爱和平的孩子》为题报道了周其刚的优秀事迹。1952 年 3 月 18 日，中国人民志愿军回国代表张仲先、张绿琴，朝鲜人民军访华代表赵尚岷一行来津市作报告时，曾到周家吊唁，为他召开了隆重的追悼会。

▲ 1952 年 3 月 18 日，中国人民志愿军回国代表张仲先（前左）、张绿琴（前右），朝鲜人民军访华代表赵尚岷（前中）一行来津市作报告时留影。（津市党史办／供图）

向社会主义进军

　　1953 年党在过渡时期的"总路线"和"总任务"确立后,"三大改造"(国家对农业、手工业、资本主义工商业的社会主义改造)运动在全国如火如荼地开展起来。津市解放前工商繁盛,私营业主较多,对私改造任务繁重。1956 年 1 月 18 日,市人民委员会批准首批 195 户私营商业实行公私合营,全市万人集会庆祝并举行盛大提灯游行。此后全市对私改造运动进入高潮。

▲ **津市市商业向社会主义进军誓师大会**（摄于 1956 年,田丕中 / 供图）

"三面红旗"

　　1958年，中共中央提出"鼓足干劲，力争上游，多快好省地建设社会主义"总路线，并在"总路线"指导下发动"大跃进"和"人民公社"化运动。"总路线""大跃进""人民公社"被称为"三面红旗"。"三面红旗"是"左"的指导思想的体现，由于脱离社会实际和客观经济规律，从而使我们的社会主义建设事业蒙受了巨大损失，也使人民付出了惨痛代价。

▲ 贯彻"总路线"　1958年5月，中共中央八届二次会议根据毛泽东的倡议，通过了"鼓足干劲，力争上游，多快好省地建设社会主义"的总路线，津市市委随即成立"党的总路线宣传委员会"，在各行各业召开贯彻"总路线"誓师大会，组织干部职工上街游行。（沈文泉／供图）

▲ 建华机械厂车间悬挂着"总路线"大标语
（朱德山 / 供图）

▲ 高举"三面红旗"奋勇前进的誓师大会 （摄于
1958 年）

▲ **"大跃进"运动**　指 1958—1960 年间波及全国的极"左"路线的运动，是"左"倾冒进的产物。在"大
跃进"中，高指标、瞎指挥、虚报风、浮夸风、"共产风"盛行，农业提出"以粮为纲"，"人有多大胆，
地有多大产"；工业"以钢为纲"，掀起全民大炼钢铁运动，带动各行各业的"大跃进"。据 1958 年
10 月市委工作汇报中记载：两天内建炼钢厂 5 家，水泥厂 15 家，新建炼钢炉 287 座，水泥炉 52 座，
投入炼钢和生产水泥的干部、职工、学生、居民共 6700 余人。但终因脱离客观实际，违背经济规律，
导致严重损失。全市耗资 165.2 万元，仅得铁砣 400 多吨，集万众之力办起的几十家炼钢厂、水泥厂
和一哄而上的百余家"卫星企业"，因根本不具备生产条件而纷纷垮掉。"大跃进"导致国民经济发展
比例严重失调，随之而来的是三年困难时期，可谓教训深刻，代价惨重。上图为津市汽车站的装卸"大
跃进"，一场闹剧而已。（摄于 1958 年，津市档案局 / 供图）

▲ **跃进再跃进** 商业系统召开"跃进再跃进"誓师大会后，上街游行，大造声势。（摄于 1958 年，沈文泉／供图）

▲ **报喜** 各行各业都把放"卫星"作为头等大事，这是报喜的队伍行经老工人文化宫时的情景。（摄于 1958 年，朱德山／供图）

▲ **生铁正装船外运** （摄于 1958 年，许衡／供图）

▲ **街道化工厂** 在"全民办工业"的号召下，全市仿佛一夜之间涌现出街道工业企业 30 多个，尽管其中也有像蚊香厂、造漆厂等后来得到长足发展的企业，但大部分企业脱离实际蜂拥而上，结果或中途下马，或陆续关停，无果而终。（摄于 1959 年，津市档案局／供图）

▲ **街道畜牧场的养猪"卫星"** （摄于 1958 年，津市档案局／供图）

球队

津市群众体育运动有其辉煌历史。1957年，市男子篮球队首次在地区夺冠，至1962年，获常德地区篮球赛五连冠，跃入省甲级队行列，打入前四名，女子队亦夺地区赛亚军。乒乓球、排球、垒球、射击、游泳等均有不俗表现。1958年，湖南省群众体育工作会议在津召开，津市获省体育工作先进城市称号。

▲ **男子排球队**（摄于1956年，向顺滋/供图）

▲ **女子垒球队、排球队** 1959年5月，津市女子垒球队、排球队代表常德专区参加湖南省第一届运动会，获得女子垒球第二名、女子排球第四名的好成绩。前排左起：李丽玲、周碧云、张碧兰，后排左起：邓历玲、张儒雅（专区领队）、刘厚云、赵云珍。

老街

　　津市的老街，有的已经脱胎换骨，有的已经杳无踪影。有点年纪的人要满足一下自己的怀旧情绪，也只能借助于这些泛黄的旧照了。

▲ **人民路**　新码头段，正面建筑为益泰绸庄。（摄于 1957 年，津市档案局 / 供图）

▲ **人民路**　观音桥至太子庙，图为津市文教系统的祝捷游行。（摄于 1959 年，葛乐山 / 供图）

▲ **人民路**　现望江广场东。（摄于 1959 年，津市档案局 / 供图）

▲ **人民路**　现望江广场东。（摄于 1959 年，津市档案局 / 供图）

▲ **人民路东段**　右为老武装部。（摄于 1960 年代初，津市房管局 / 供图）

▲ **襄阳街**

▲ **人民路** 观音桥附近，上图右侧建筑为百货公司（1957 年摄，津市档案局 / 供图）。下图正面建筑为国营饭店（1958 年摄，沈文泉 / 供图）。一直到 1970 年代，百货公司和国营饭店都是津市中心闹市区的标志性建筑。

▲ **西河街** 近处为原长津轮船公司。（摄于 1950 年代，沈文泉 / 供图）

▲ **三洲街新居民楼** 1952 年的大火烧掉了三洲街近半条街，两年后在废墟上建起三幢红砖楼房，为津市解放后修建的最早的居民楼。（摄于 1950 年代，王克林 / 供图）

▲ **新码头** 人民路从观音桥起往东约百米第一条巷，直通河边长郡码头。（摄于 1964 年，津市房管局 / 供图）

▲ **衙署街残留** 生产街最西端老汽车站河边。（王克林 / 供图）

▲ **解放路** 太子庙至汪家桥，为新中国成立后新建街道。（王克林 / 供图）

▲ **解放路西段** 左边建筑为老市委招待所。（摄于 1960 年代初，津市房管局 / 供图）

防治血吸虫

"曾家台吴家台，人死无人埋。女儿嫁不出，媳妇娶不来。田地荒芜无人种，十劳就有九劳衰。"这首民谣正是血吸虫给津市郊区造成灾难的生动写照。1956年，市政府成立防治血吸虫病委员会，采取灭螺、防护、治疗并举等措施，至1970年，经省地血防部门检查，确认津市为基本消灭血吸虫病地区。

▲ 1964年，在保堤大队支部副书记傅大国家，"四清"工作队副队长钟世新与队员们一起研究彻底消灭钉螺根治血吸虫病事宜。（万石诗 / 供图）

▲ 1970年冬，市郊群众性大规模灭螺现场 （覃事权 / 摄）

荆河剧团

　　津市荆河剧团的源头为诞生于清光绪年间（1875—1908）的"松秀班"，1949年易名为津市群众湘剧团，1956年才改称津市荆河剧团。剧团名角辈出，代有传人，二十世纪五六十年代曾盛极一时，风靡湘鄂边。

　　一代荆河戏名旦张淑容，为常德"四小名旦"之一。1962年津市荆河剧团以《谢瑶环》一剧赴省城长沙汇报演出，张淑容饰谢瑶环一角，其雍容娴雅的气度，清脆圆润的唱腔，细腻入微的表演，让省城观众为之着迷，演出获得极大的成功。两年后张在剧团自编的现代戏《太平村》中再次担纲主演，又获全省现代戏汇演演出奖。

▲ **传统荆河戏《写状三拉》** 张淑容饰李桂英，王振文饰赵宠。（摄于1960年代初，张淑容/供图）

▲ **传统剧《李奇哭监》** 刘运志饰李奇。（王泸／供图）

▲ **传统剧《琵琶洞》** 王化金饰孙悟空。（王文柏／供图）

▲ **传统剧《谢瑶环》** 张淑容饰谢瑶环。（张淑容／供图）

▲ 折子戏《百花亭》 张淑容饰杨贵妃。（张淑容／供图）

▲ 现代戏《太平村》剧照一 （王文柏/供图）

1964 年，津市荆河剧团自编现代戏《太平村》（杨善智编剧）赴省城首演，获全省现代戏会演演出奖。主演张淑容、彭鹏入选省代表队参加中南五省（区）戏曲会演。1969 年，剧团解散，"文革"结束后恢复，1980 年代一度重现生机，一批新秀如童小平等脱颖而出，但未几便因市场原因逐渐式微，风光不再。

▲ 现代戏《太平村》剧照二 （王泸/供图）

工人俱乐部

　　这幢建筑许多老津市都很熟悉，里面放过电影，办过舞会，演过节目，开过大会……1953年2月，由各产业工会会员筹资捐款、献砖献料、义务劳动建成的工人俱乐部正式开放，俱乐部设图书阅览室、文娱活动室、戏剧音乐室、广播室、黑板报、宣传窗等。狭窄的场地，简陋的设施，仍让许多职工乐而忘返。二十世纪五六十年代，津市许多重要活动都在里面进行过。1980年，工人俱乐部整修后重新开放，改称工人文化宫。曾几何时，它突然淡出了人们的视野，再也无从寻觅。

▲ 津市市第三届妇代会全体代表在工人俱乐部前合影 （摄于1962年2月1日，津市档案局/供图）

"文革"初期

　　此时间段为 1966 年 5 月至 1969 年 4 月。1966 年 5 月中共中央政治局扩大会议到同年 8 月的八届十一中全会的召开，是"文革"全面发动的标志，两次会议相继通过了《五·一六通知》和《关于无产阶级文化大革命的决定》，对所谓"彭（真）、罗（瑞卿）、陆（定一）、杨（尚昆）反党集团"和"刘（少奇）、邓（小平）司令部"进行了错误的斗争，成立"中央文革小组"并让其掌控中央很大部分权力，江青一伙利用"中央文革小组"名义煽动"打倒一切，全面内战"，各地方各部门的党政领导机构都被夺权或改组。1969 年 4 月召开的中共九大更使"文革"的错误理论和实践合法化，加剧了全国的动乱。

▲ **"文革"乍起**　1966 年 5 月 19 日，津市镇委召开 6000 人大会，传达《五·一六通知》，声讨邓拓"反党反社会主义罪行"，并上街游行，拉开津市"文革"序幕。（津市档案局／供图）

▲ **声讨大会之后的盛大游行** （摄于 1966 年 5 月，津市档案局 / 供图）

▲ **"红卫兵"上街游行** 红卫兵运动是"文革"特殊社会历史条件下的产物，是"文革"的重要代表性事物之一。它的兴起又加剧了"文革"的破坏性，给党、国家和人民，也给青年人本身造成了巨大的伤害。现在，半个多世纪过去，"文革"的硝烟早已散尽，可怕的梦魇已经惊醒，但我们每一个有此经历的人都不应该忘记这一页沉重可悲的历史。（摄于 1966—1968 年间，杨振文 / 摄）

▲"红卫兵"小将在街头宣传演出 （摄于 1966—1968 年间，杨振文 / 摄）

▲"红卫兵"的抄家成果展示 （摄于 1966—1968 年间，杨振文 / 摄）

▲"文攻武卫" 这是"文革"中江青提出的反动口号，煽动武斗，从此全国武斗迅速升级，陷入"全面内战"的混乱局面。津市"造反"组织"文攻武卫指挥部"遂应运而生，他们冲击军队，抢夺武器，与澧县、临澧等地的"造反派"发生枪战，死伤数十人。上图为"文革"中的一次持枪游行，行经人民路。（摄于 1967 年，王克林 / 供图）

▲ **抢购"红宝书"** 这是津市新华书店前的两个镜头，颇具"文革"特色。据新华社消息，1967 年，全国共出版《毛泽东选集》8640 多万部，《毛主席语录》35000 万册，已达天文数字，但仍免不了这种抢购"红宝书"的狂热场面。各式各样的毛主席像章更是人们争相猎取的又一对象。(摄于 1967 年，雷忠平 / 摄)

▲ **庆祝"全国山河一片红"** "文革"开始后，各级党政机关相继被造反、夺权，随后实行军管。1967 年 4 月 20 日，北京市革命委员会成立，至 1968 年 9 月 7 日，全国 29 个省市先后成立革命委员会，《人民日报》《解放军报》发表社论《无产阶级文化大革命的全面胜利万岁！——热烈欢呼全国各省市自治区革命委员会全部成立》。消息传至津市，津市革命委员会筹备小组、驻津部队组织人们上街游行，热烈庆祝"全国山河一片红"。(摄于 1968 年 9 月，杨振文 / 摄)

▲ **"工宣队"** 工人毛泽东思想宣传队简称"工宣队"。1968年8月14日，镇革筹、驻津部队作出"关于组织毛泽东思想宣传队进驻旧镇委机关的决定"。上左图为8月17日宣传队进驻政府机关。8月25日，"镇革委"组建"工宣队"进驻各中小学，领导学校开展"斗、批、改"运动。上右图为"工宣队"在津市一中。（覃事权／摄）

▲ **教育要革命** "文革"初，教育基本停摆，进工厂、下农村、军训、大批判成为学生的主课。（摄于1970年代，覃事权／摄）

▲ **"镇革委"成立** 革命委员会是"文革"期间中国各级政权的组织形式，简称"革委会"。"文革"初，全镇各级组织被"造反派"夺权，党政机关名存实亡。1968年2月16日，"津市镇革命委员会筹备小组"成立。9月17日，全镇实现按系统、行业的大联合后，镇"革命委员会"成立。至年末，全镇各单位均成立"革委会"。"革命委员会"这一"文革"产物，至1980年3月才结束其使命，由各级政府取代。（摄于1968年9月，覃事权/摄）

"文革"中期

　　此时间段为 1969 年 4 月至 1973 年 8 月。1971 年，林彪叛逃，机毁人亡，客观上宣告了"文革"理论和实践的失败。1973 年 8 月召开的"中共十大"全面肯定和继承"中共九大"的错误，使"左"倾思潮得以延续。

▲ **样板戏**　"文革"期间，文艺舞台成为 8 个样板戏的一统天下，全国人民"革命"之余，便有幸千百遍地接受样板戏的熏陶。你能想象其时人们文化生活的尴尬。（摄于 1970 年，覃事权 / 摄）

　　"文革"中，斗争会、批判会是经常上演的剧目。斗争对象在"文革"初有"走资本主义道路当权派"，"地、富、反、坏、右"则是自始至终的主角。

▲ 阳由大队的斗争大会和中华街居委会的批判大会　（摄于 1970 年，覃事权 / 摄）

▲ **津市镇第三次党员代表大会**　1971 年 1 月 5—10 日召开的津市镇第三次党员代表大会是"十年浩劫中召开的唯一一次党代会。出席代表和列席人员共 317 人。大会通过了把中共津市镇委建成"永远忠于毛主席，永远忠于毛泽东思想，永远忠于毛主席无产阶级革命路线的无产阶级战斗指挥部"的决定。并选出由 25 名委员组成的第三届委员会，由 7 名委员组成的常委会。赵瑞林（镇人武部部长）当选镇委书记，饶国炳、李福祥当选副书记。（覃事权 / 摄）

▲ **沿着毛主席开辟的革命航道乘胜前进**　1966年7月16日，毛泽东主席在武汉畅游长江，《人民日报》发表社论，号召全国人民紧跟毛主席战略部署，在大风大浪中奋勇前进。此后每年7月16日，全国各地便频频开展"横渡"活动，成为"紧跟"的一种政治意象。1970年7月16日，津市镇革委组织了首次横渡澧水活动。图中是1972年的"第三次横渡澧水"活动的情景：数千人的队伍簇拥着醒目的标语牌，在水中劈波斩浪，呼啸前进，场面颇为壮观。（覃事权／摄）

▲ **贫下中农协会**　"贫下中农"是"以阶级斗争为纲"年代中使用频率极高的一个词。1965年，窑坡公社成立贫下中农协会，各大队也成立了相应组织。1973年，津市镇首次窑坡公社第二次贫下中农代表会议同时召开。1970年代末，随着"文革"的结束，贫协组织活动终止。（覃事权／摄）

▲ **毛泽东思想文艺宣传队** 毛泽东思想文艺宣传队是"文革"时期全国各地各级普遍存在的文艺宣传队伍，为其时主要的泛政治化宣传方式和文化娱乐方式。演出节目具有浓厚的政治意味，不可避免地带有那个时代的烙印。津市各系统（战线）、各企事业单位均成立有这样的宣传队，他们的演出为人们贫乏的文化生活增添了些许亮色。图为津市丝绸厂毛泽东思想文艺宣传队"五一"演出后合影。（摄于 1971 年，黄世维 / 供图）

▲ **赤脚医生** 1968 年 9 月，《红旗》杂志发表一篇题为《从"赤脚医生"的成长看医学教育革命的方向》的文章，各大报纷纷转载，"赤脚医生"的名称遂走向全国。1969 年，窑坡公社各大队相继开办合作医疗站，配备赤脚医生。赤脚医生亦医亦农，免费为农民送医送药。（摄于 1971 年，覃事权 / 摄）

"文革"晚期

　　此时间段为 1973 年 8 月至 1976 年 10 月。1974 年初，江青一伙提出"批林批孔"，矛头指向周恩来。1975 年，周恩来病重，邓小平在毛泽东支持下主持中央日常工作，开始全面整顿，形势明显好转。但毛泽东不能容忍邓小平系统纠正"文革"错误，又发动了所谓"批邓反击右倾翻案风"运动，全国再次陷入混乱。1976 年，周恩来逝世，同年 4 月，全国范围掀起以天安门事件为代表的悼念周总理、反对"四人帮"的抗议运动。1976 年 9 月，毛泽东逝世，10 月上旬，中央政治局执行党和人民的意志，一举粉碎江青反革命集团，结束了"文革"这场浩劫。

▲"批林批孔"运动　　1974 年年初至同年 6 月，江青一伙经过密谋策划，提出开展所谓"批林批孔"运动，把矛头指向周恩来。上左图为津市民兵师召开的"批林批孔"誓师大会（覃事权 / 摄）；上右图为修建澧水防洪大堤的工业二连在街头布置"批林批孔"宣传专栏（钟德安 / 摄）。

▲ 窑坡社员学习小靳庄　　1970 年代中期，天津宝坻县亭口公社小靳庄大队在"批林批孔"运动中"脱颖而出"，他们组织业余文艺宣传队，大唱革命样板戏，大办政治夜校，大讲革命故事，培养贫下中农理论队伍，评法批儒，破旧立新……成为贫下中农占领农村思想文化阵地的突出典型，全国各地农村纷纷仿效，学习小靳庄成为时尚。津市共组织文宣队 132 个，美术创作组 15 个，举办赛诗会 96 次。1975 年，要求赛诗会全面开花，遂有 1800 余人登台吟诗 5000 余首。图为窑坡公社的社员在学习小靳庄活动中，组织宣传队表演文艺节目（摄于 1974 年，覃事权 / 摄）。

▲ **"社会主义大院"** "社会主义大院"为"文革"后期的"新生事物",近似居民自治组织,象征人民当家做主。其时"新生事物"层出不穷,却来去匆匆,社会主义大院很快就被"反击右倾翻案风"的运动所取代。(覃事权/摄)

▲ **庆祝"四届人大"召开** 1975年1月13—17日,第四届全国人民代表大会在北京召开,为四届人大召开的唯一一次代表会议。消息传来津市,镇革命委员会举行了盛大集会和游行庆祝活动。(覃事权/摄)

▲ 反击**"右倾翻案风"** 1976年的元旦社论,把邓小平主持的各项整顿污蔑为"右倾翻案风",鼓动全面"反击",全国整顿工作受阻,刚见好转的经济形势又趋恶化,社会秩序再次陷入混乱。是年2月,津市镇委开展"教育革命大辩论",回击教育界的"右倾翻案风",各中小学聘请工农兵任教师,开门办校,鼓励学生大批判。(摄于1976年,覃事权/摄)

工业学大庆

　　1964 年后，大庆油田成为全国工交战线的一面旗帜，"工业学大庆"与"农业学大寨"同样是最富时代精神的响亮口号。大庆的基本经验是：高度革命化，严格的科学精神，群众运动，基层建设，艰苦奋斗的作风等。以吃苦耐劳、敢打硬仗著称的"铁人"王进喜是大庆油田最突出的优秀代表，"铁人"精神曾鼓舞了整整一代人。二十世纪六七十年代,津市工交战线普遍开展了声势浩大的"工业学大庆"运动。

▲ **誓师大会后的盛大游行队伍**（摄于 1970 年代，覃事权/摄）

▲ 欢迎出席全国工业学大庆会议的代表胜利归来 （摄于 1970 年代，覃事权 / 摄）

▲ "工业学大庆"是所有工业企业最响亮的口号和奋斗目标 （摄于 1970 年代，覃事权 / 摄）

农业学大寨

　　1964 年后，"农业学大寨"运动在全国普遍兴起，市郊窑坡公社农民用大寨精神开展农田水利基本建设，加固堤防、整修塘坝、开垦荒地、开挖渠道，修筑公路，农村生产条件有了较大改善。但"文化大革命"中，江青一伙假学大寨之名，推行极"左"路线之实，农民生产积极性和农村生产力遭到严重压抑和破坏。此外，"农业学大寨"单纯强调"以粮为纲"，围湖造田，毁林种粮，造成生态失衡，影响了农业生产的全面发展。

▲ 窑坡公社保堤大队的社员在开"山"（芦柴山）造田 （摄于 1970 年代，覃事权 / 摄）

▲ 农业学大寨学习班开学典礼 （摄于 1970 年代，覃事权 / 摄）

▲ "铁姑娘战斗队"在兴修水利工地 （摄于 1970 年代，覃事权 / 摄）

青春祭

　　1957 年 9 月 6 日，津市 31 名知识青年分赴澧县澧西、澧阳、大坪等地务农，是为津市知青运动滥觞。1960 年代中期起，知青运动形成高潮，在其后的 10 多年间，全市共有 7000 余名知青下放到澧县、石门、临澧、安乡、常德等县，接受"贫下中农"的再教育，在"广阔天地"磨炼革命红心，抛洒青春热血，演绎了一回回刻骨铭心或喜或悲的人生故事。如今，知青运动的帷幕早已沉沉落下，青春的岁月亦已渐离渐远，当年的知青，站在今天的人生驿站凝神回眸，是"青春无悔"，还是不堪回首？历史留给我们的，是无尽的追忆与反思。

▲ **1957 年的知青** （津市档案局／供图）

▲ **欢送大会后上街游行** （津市档案局／供图）

▲ **大寨兵团** "红卫兵大寨兵团"是津市知青中最具代表性的一群,是记述津市知青运动绕不开的话题。1968年10月5日,津市镇革命委员会、驻军支"左"小组在人民体育场举行盛大集会,欢送知识青年"大寨兵团"赴石门县南镇药场插队落户,由此掀起津市"上山下乡"运动的高潮。常德地委领导范志德、津市镇委副书记刘高科等人在车站为"大寨兵团"全体知青送行并合影。(摄于1968年,杨振文/摄)

▲ **最早的一批"大寨兵团"成员与当地贫下中农合影** (摄于1968年,吴华亭、谭梦林/供图)

▲ "心中太阳红似火，高山之巅永
向前"，唱着自编的"战歌"，兵
团知青们每天日出而作，日落而
息，在广阔天地磨炼意志，挥
洒青春和热血。（摄于 1968 年，
吴华亭、谭梦林 / 供图 ）

▲ **1968 年的知青** （吴华亭、谭梦林 / 供图）

▲ **知青运动的高潮** "大寨兵团"之后,又有许多津市知青以各种方式各种名目奔向"广阔天地",至 1968 年年末形成知青运动的高潮。(傅名鑫 / 供图)

澧东油厂试制成功无毒农药"春雷霉素"

　　1973 年，津市澧东油脂化工厂技术员宋良毕等利用本厂下脚料成功试制无毒农药"春雷霉素"，受到农民欢迎。新华社同年 6 月 4 日对此作了图文报道。

▲ **试制成功无毒农药"春雷霉素"**（新华社记者摄，肖峰／供图）

防洪大堤史话

　　津市地处澧水尾闾，每逢夏讯，即成泽国，津市人民受够了洪涝之累，早就渴盼着有一座坚固的大堤来保障他们生命财产的安全。因此1973年津市镇委领导振臂一呼的时候，人们便义无反顾地站了出来，甘愿把自己当做一块砖石砌到大堤上去。

▲ **津市修建防洪大堤开工典礼** （摄于 1973 年 9 月，钟德安 / 摄）

大堤正式动工后，指挥部一声令下，从全市各企事业单位、郊区农村抽调的3500多人的施工队伍，便以军队编制开上大堤。施工期间，利用休息时间自带工具上堤参加义务劳动的普通市民更是无以数计，不少退休老人、中小学生也赶到工地端茶送水，力尽所能地为大堤建设加砖添瓦。为加快进度，人们夜以继日，风雨无阻，工地永远都是一派热火朝天、你追我赶的劳动景象。正是这种万众一心的伟力，才铸就了澧水大堤的辉煌。

▲ 左一为镇委书记、大堤工程指挥长饶国炳。（摄于1973年，覃事权/摄）

▲ 大堤工地火热的劳动场面，人们正用飞硪夯实堤基。（摄于1973年，钟德安/摄）

▲ 二中学生在大堤工地运送岩石。（摄于1974年，钟德安/摄）

▲ 你追我赶的劳动景象。（摄于1974年，钟德安/摄）

1974年8月，津市人民用信念和汗水浇铸的澧水防洪大堤胜利竣工，比计划工期提前整整两年。大堤全长4450米，其中混凝土地段1650米，抗洪能力为43.3米。这是津市人民自力更生、艰苦奋斗精神创造的奇迹。

▲ 石块就是用这种土吊装设备吊装的。（摄于 1974年，钟德安/摄）

▲ 澧水防洪大堤胜利竣工。（摄于1974年8月，钟德安/摄）

▲ 津市澧水防洪大堤尔后又多次加修加固，数十次抵御灾害性洪水的侵袭，为津市人民生命财产的安全提供了可靠的保证。它是一段辉煌历史的见证，必将永远屹立在26万津市人民心中。（摄于1974年，钟德安/摄）

"文革"时期的工业建设

"文革"时期，津市工业因"革命"一度遭遇障碍。1960年代末，工业产值连续3年徘徊不前，利润逐年下降。70年代初，津市人民抓住"三线建设"的机遇，排除动乱干扰，争取新建或改建了一批大中型工业项目，市境工业乃得以发展壮大。湘澧盐矿、湖南拖拉机制造厂相继在津建成投产，津市电子管厂的诞生则标志着电子工业的起步。津市在动乱中逆势而上，迎来一波工业建设的高潮。

● 湘澧盐矿

1969年6月，本地民工组成的千军万马和湖南省机械化施工公司的"机械化部队"将皇姑山南麓闹了个天翻地覆，湖南第一家现代化制盐企业——湘澧盐矿的建设就此拉开帷幕。盐矿制盐厂在选址问题上，最后落脚皇姑山，时任湖南省委第一书记、省革委主任华国锋的拍板起了关键性作用。他指出："澧水河是条炸不断的交通线，把制盐厂建在这儿（皇姑山）好处极大……"

▲ 湘澧盐矿歼灭战誓师大会 （摄于1969年，侯新华/摄）

▲ 沉睡千年的皇姑山将迎来亘古未有之巨变，一座大型制盐企业将在其山麓崛起。（摄于 1969 年，侯新华/摄）

1972 年元月，湘澧盐矿建成投产，已累计完成投资 2600 万元，具备年产精盐 15 万吨，芒硝 1.6 万吨的生产能力。当年生产精盐 8 万多吨。

▲ **澧水南岸码头等待外运的首批精盐**（摄于 1975 年，覃事权/摄）

● 湖南拖拉机制造厂

1970 年，湖南省革命委员会为落实毛泽东"农业的根本出路在于机械化"的指示，决定以澧县农机修配厂（厂址在津市窑坡渡）为基础，合并省农机厂设备人员，筹建湖南拖拉机制造厂。

1975 年 5 月，湖南拖拉机制造厂建成投产，生产水旱通用中型轮式拖拉机，定名东方红 - 30 型，并逐步形成年产 5000 台生产能力。至 1970 年代末，该厂共生产拖拉机 8453 台。

▲ 湖拖建设工地 （湖南汽车车桥厂 / 供图）

▲ 湖南拖拉机制造厂厂门 （湖南汽车车桥厂 / 供图）

▲ 岸边等待外运的拖拉机 （湖南汽车车桥厂 / 供图）

● 津市电子管厂

1969 年 10 月，国家第四机械工业部批准并投资兴建津市电子管厂，次年破土动工。按"小三线"建设"靠山、隐蔽、分散"的选点原则，厂址选定南郊古大同山峪。首期投资 420 万元。迨至 1971 年 4 月，先后试制成功 FU-5、FU-7 玻璃发射管和 FU-100 金属陶瓷管，次年 7 月均成线批量生产。

▲ **津市电子管厂生产区鸟瞰** （摄于 1970 年代初，津市电子管厂 / 供图）

▲ **工厂产品** 自左至右：FU-7、FU-5、FU-811 中、小功率玻璃发射管。（津市电子管厂 / 供图）

▲ **创业阶段古大山峪仅有的一栋茅屋** 当时所有办公机构均设于此。（津市电子管厂 / 供图）

▲ **玻璃发射管装架间一角** （津市电子管厂 / 供图）

1976—2000

粉碎"四人帮"

1976年10月6日，中共中央一举粉碎"四人帮"，为党锄奸，为国除害，为民平愤。消息传来，人们奔走相告，欢呼雀跃，喜悦溢于言表。粉碎"四人帮"是历史性胜利，"文革"十年至此结束。至25日，津市镇委两次举行盛大集会游行，庆祝中央一举粉碎"四人帮"的伟大胜利。

▲ 庆祝中央一举粉碎"四人帮"的伟大胜利 （覃事权 / 摄）

▲ 集会游行，欢庆胜利 （覃事权 / 摄）

▲ 揭批"四人帮"罪行大会 （覃事权 / 摄）

科学的春天

　　1978 年 3 月，中共中央召开全国科学大会，邓小平在会上指出四个现代化的关键是科学技术的现代化，大声疾呼科学技术是第一生产力，知识分子是劳动人民的一部分。此言一出，让广大科技工作者热血沸腾，精神振奋。同年，津市召开科学大会，与会代表济济一堂，共商科技兴市大计，迎接科学春天的到来。

▲ **津市召开科学大会** （覃事权／摄）

历史的转折

1978 年 12 月，中共十一届三中全会胜利召开。会议作出了把全党工作重点转移到社会主义现代化建设上来的战略决策，这是新中国成立后中共历史上具有深远意义的伟大转折。全国人民都用惊喜的眼光注视着神州大地上这一改变国家和民族命运的历史性时刻。

▲ 津市绢纺厂职工学习十一届三中全会公报后在厂内集会游行 （津市绢纺厂／供图）

津市恢复市的建置

1979 年 12 月 21 日，国务院 290 号文批复："同意恢复津市市……由常德市领导。"此前津市已在市与镇的位置上徘徊了 30 年。

1980 年 3 月 21 日，新市委在工人文化宫召开"贯彻国务院批示建设新津市动员大会"，市委书记、代市长韩养义作动员报告。人们期盼这一次的重新恢复市制是津市的"凤凰涅槃"。

▲ 贯彻国务院批示建设新津市动员大会 （覃事权／摄）

工业立市

津市在新中国成立前以"工商繁盛"名声遐迩，这个"工"其实是指作坊式生产的手工业，真正现代意义的工厂寥若晨星。新中国成立后，历届市委坚持以"工业立市"的方针，几十年苦心经营，津市工业终于逐步发展壮大起来，至 1980 年代中期，已有大小工厂 160 余家，工业产值超过 3 亿元，这样的工业规模，其时在省内县级市中并不多见。从 1970 年代起，津市工业按照有资源、有基础、有特色、有市场、有效益的原则，优化产品结构，调整产业格局，逐步形成食品、纺织、轻工、机电、化工五大门类，不少产品在全省乃至全国都占有重要地位。下面几组摄于 1970—1980 年代的照片，或可一窥津市工业曾经的辉煌。

▲ **窑坡工区全景** （覃事权/摄）

● 食品

津市的食品工业既有传统的又有现代的。传统的产品如凤尾菜、小磨香麻油、各类糖果糕点、酒类等，都拿过国家和省部级的奖牌。现代的有味精、酶制剂等，1980 年代中期，味精厂已成为湖南最大味精生产基地，酶制剂厂的糖化酶年产曾位居全国同行业第二。

▲ **味精厂**　前身是澧南粉厂，1974 年始称味精厂。至 1980 年，经过 3 次扩建和 4 次改造，年产能力由 20 吨扩大到 1000 吨。1985 年年产能力达 2800 吨，为全省同行业之最。（覃事权/摄）

▲ **酶制剂厂**　1978 年，津市日用化工厂正式更名为津市酶制剂厂。企业不断开发新产品，进行技术改造，至 1985 年的短短几年间，糖化酶年产便超过 2000 吨，国内排名第二。1988 年跃升至 7000 吨。（覃事权/摄）

▲ **奶粉厂**　1985 年，奶粉厂已拥有荷兰良种奶牛195 头，年可产奶粉、鲜奶各 20 吨~30 吨。（覃事权/摄）

▲ **街办食品总厂**　1986 年，街办食品总厂引进意大利夹心糖生产线，年单班生产能力提高到1200 余吨。（覃事权/摄）

● 纺织

津市是湖南丝绸工业的发源地，纺织工业以丝绸为主体，白厂丝、软缎被面，鱼谏绸等丝绸产品曾畅销海内外。1980年代中期,津市丝绸工业已形成植桑、养蚕、贮茧、缫丝、绢纺、织绸、印染等一条龙生产体系。

▲ **缫丝厂**　津市丝绸工业的"母厂"。1959年建成投产的第一年就生产白厂丝10余吨，次年又试织成功"留香绉"绸缎，均开湖南丝、绸生产先河。1970年代中期,该厂一分为四（绢纺、缫丝、绸厂、印染），新组建的缫丝厂更新设备扩大规模，1985年年产超过60吨（其中约一半出口），梅花牌白厂丝连续在全省同行业质量评比中夺魁。（覃事权／摄）

▲ **缫丝厂操作能手**　1980年，津市缫丝厂在全省缫丝选拔赛上一举囊括前9名，两年后又在同类赛事中夺得前6名，在全省同行业中引起轰动。该厂青年挡车工朱云香（上左图）、邹红（上右图）多次在全国和南方六省缫丝操作大赛中名列前茅，并分获全国"三八红旗手"和"省劳动模范"称号。（覃事权／摄）

▲ **绸厂** 1970 年代末，绸厂加大技改力度，新产品海力克、涤丝纺、双经软缎被面、鱼谏绸等先后获部、省级新品和科技成果奖。1985 年各类绸缎年产达 270 万米。（覃事权 / 摄）

▲ **绸厂首届职工代表大会** 1981 年，津市市绸厂召开了首届职工代表大会。（覃事权 / 摄）

▲ **印染厂** 1980 年代初，印染厂已逐步建成化纤、丝绸织物染整生产线，承担湘鄂两省十多家丝绸企业坯丝印染业务。（覃事权 / 摄）

▲ **床单厂** 1980 年代，床单厂年产床单 30 万条左右。（覃事权 / 摄）

▲ **绢麻纺织厂** 1980 年，绢纺厂加大投入，添置设备，扩建生产线，改称绢麻纺织厂，尔后逐渐形成绢纺、麻纺、棉纺三大生产系列。（覃事权 / 摄）

▲ **织布厂** 1981 年，织布一厂、二厂合并成立织布厂，进行设备、技术改造，企业焕然一新。（津市工会 / 供图）

▲ **针织厂** 1984 年，针织厂引进日本大圆机生产经编涤纶蚊帐和纬纶布。（津市工会 / 供图）

● 轻工

津市轻工业中一部分由传统手工业发展而来，影响较大的是蚊香厂，"斑马牌"蚊香是津市最有特色、最具竞争力的工业产品。另一部分则以造纸厂为骨干，凭借澧水尾闾芦荡浩渺的资源优势，发展造纸工业得天独厚。此外猪鬃、制刷、金属制品、电池、家具等企业产品于 1980 年代在全国或省里均占有一定位置。

▲ **蚊香厂**　1979 年，蚊香厂的"斑马牌"高级蚊香在香港销量首次超过日本的"红牌坊"，跃居全港首位。1981 年，年产量居全国第一。1985 年，"斑马牌"高级蚊香全面超过"红牌坊"，年产突破 10 万标箱，产品荣膺"国家质量银质奖"等多项奖励，畅销全国及海外。(覃事权 / 摄)

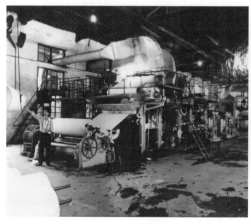

▲ **造纸厂**　造纸厂曾为津市的支柱企业。1980 年代中期，造纸厂引进邵阳造纸厂圆网纸机生产双胶纸的专利，用全芦苇浆生产普压双胶纸和静电复印纸，年产量近 4000 吨，产品获国家"星火计划"成果银奖。(覃事权 / 摄)

▲ **猪鬃厂** 1970 年代末，猪鬃厂为省外贸确定的全省唯一一家水煮猪鬃生产厂家。1980 年，英、美、日等国向湖南定购水煮猪鬃 1800 箱，全部由该厂加工。1985 年，猪鬃年产已近万箱，产品大部外销。（覃事权 / 摄）

▲ **大洼纸厂** 1973 年，大洼纸厂在侧浪式纸机上试制出卷烟纸。5 年后，省、地批准其进行技改，用设备贷款购置 1880 型多缸长网纸机一台，开始批量生产卷烟纸，侧浪式纸机改产皱纹卫生纸。至 1983 年，卷烟纸年产已达 1300 多吨。（覃事权 / 摄）

▲ **圆珠笔厂** 圆珠笔厂在 1960 年即生产出湖南首批圆珠笔，1978 年年产已达 500 多万支，1980 年代中期，工厂引进英美设备，产量超过 700 万支。（覃事权 / 摄）

▲ **五金电器厂** 1981 年、1985 年，五金电器厂与湖南省煤炭科学研究所两度合作，研制成功 81-2 型节煤炉、SMZ-220 型大蜂窝煤炉，颇受消费者青睐。图为该厂生产的微型餐桌炉，亦曾风靡市场。（覃事权 / 摄）

▲ **羽绒厂** 1986 年，津市羽绒联合总厂建成投产，从西德、荷兰购进成套水洗羽毛生产线和制品生产线，年设计生产规模为水洗羽毛 100 吨，羽绒制品 80000 件（套）。投产后陆续开发"奥多牌"系列羽绒制品 45 种，其中各类羽绒服装为其大宗，年产逾万件。（覃事权 / 摄）

● 机电

机械工业是津市的传统工业门类，企业规模虽不大，但产品各具特色，在省内外颇有市场。电子工业起步虽晚，但发展迅速，1970年代末臻于鼎盛时期，电子管厂、无线电厂、无线电标准件厂、硅元件厂各以自己的产品优势占据电子行业的一席之地。

▲ **新华工厂**　新华工厂是津市机械行业中厂龄最大的企业。其传统产品改进80型轧花机曾在全省棉机评比会上夺魁，1985年研制的小型水田耕整机，投放市场后极受农户欢迎。（覃事权/摄）

▲ **螺钉厂**　1983年，螺钉厂与湖南省技术物理所签订"金属等离子喷涂新技术援助合同"，贷款技改，品种增至50余种，产量超过2亿件，雄居全省首位。（覃事权/摄）

▲ **洞庭机械厂**　生产的内燃夯土机等建筑机械曾获全国建筑机械成果交流会铜牌奖，产品旺销。（覃事权/摄）

▲ **油泵电机总厂**　1960年代末，机械厂分为机械、机床、机修三厂。1988年，油泵电机厂与机床厂合并为津市油泵电机总厂。（覃事权/摄）

▲ **建华机械厂** 主产皮革机械。(覃事权 / 摄)

▲ **汽车锻造厂** 主产汽车后半轴。(覃事权 / 摄)

▲ **电子管厂** 主要生产中小功率玻璃发射管和大功率金属陶瓷管。(覃事权 / 摄)

▲ **无线电厂** 1970 年代中期,无线电厂先后开发电力载波机、高频阻波器等新产品。(覃事权 / 摄)

● 化工

津市的化工产品除油漆外尚有芒硝、橡胶制品、香料等。

▲ 造漆厂　1980 年代初，造漆厂由"半截油鼓闹革命"开始创业的作坊式的工厂，发展成仅次于湖南造漆厂的新型化工企业。（覃事权／摄）

▲ 橡胶厂　橡胶厂前身为木屐油鞋社，1980 年始称橡胶厂，主要生产三角带。（覃事权／摄）

湘鄂边区物资交流大会

　　1980年9月，湖北沙市、宜昌、襄樊和湖南津市及澧水上游各县在津召开湘鄂边区物资交流大会，两省共32县450个商供部门的1200多名代表参加了这次盛会，成交额达2015万元，其中津市994万元。津市地方产品展台是本次交流会最抢眼的部分，共有30多种工业产品相继进入国际市场。1980年代初，津市频频开展此类活动，有效地促进了商业流通的繁荣兴旺。

▲ 湘鄂边区物资交流大会 （覃事权/摄）

▲ 中心展馆设在市工人文化宫剧场 （覃事权/摄）

▲ 津市地方产品展台

▲ 襄樊市展台

▲ 展台外的襄樊市零售点

▲ 沙市市展台

▲ 宜昌市展台

▲ 大庸县（现张家界市）展台

▲ 桑植县（隶张家界）展台

▲ 与会代表们在交流会上看货选样

复苏的文化生活

　　"文革"结束后，文化生活回归正轨。8个"样板戏"一统天下的局面得以改观，各类文学、艺术活动又重新在小城津市蓬勃开展起来。

▲ **街头墙报**　1980年代，街头墙报曾为津市一景。观音桥、人民路等地段一溜矗立着十多块整齐划一的墙报，吸引了众多市民的目光，让人驻足观看，流连忘返。墙报内容丰富多彩，版式设计花样翻新，看墙报成了津市人茶余饭后的一项精神享受。外地人对这种"津市大字报"叹为奇观。1979—1980年，常德地委宣传部和湖南省委宣传部对津市这种独具特色的宣传阵地进行大力推介，省内外60多个县市派人来参观学习。（覃事权／摄）

▲ **企业墙报**　墙报、宣传栏成为各厂矿企业企业文化的一部分　（津市工会／供图）

▲ **梅花诗社**　1980 年 3 月，梅花诗社成立，1985 年改名为兰津诗社，是津市最早、也最活跃的民间文学社团。（图中发言者为梅花诗社首任社长王道济，摄于 1980 年，覃事权／摄）

▲ **个人画展**　1980 年代初，著名画家朱辉、王垂曾多次来津写生，相继举办个人画展，在小城引起轰动，观者如堵。（图为朱辉作品展展厅，钟德安／摄）

▲ **苏州、常德两地美术作品展** 1980年2月，由文化馆和文化宫联合举办的"苏州、常德两地美术作品展"在津市工人文化宫开展，吸引了众多美术爱好者和广大市民前来参观。（钟德安／供图）

▲ **后起之秀** 1980 年代，津市荆河戏青年演员童小平脱颖而出。1984 年，童小平以一出《百花亭》（饰杨贵妃）让长沙观众为荆河戏这一古老地方戏曲再度倾倒。童小平由此获省"优秀青年演员"称号，并加入中国剧协。图为童小平在练功。（覃事权 / 摄）

新规划　新建设

"浩劫"过后,百废待兴。党的十一届三中全会开启了改革开放的新时期,乘改革的东风,加快建设进程,装点美好家园,在全市上下达成共识并化为行动。

▲ **规划南区建设**　1984 年,市委市政府拟定完善配套北区,加强发展南区的建设规划。同年 4 月 9 日,南区建设启动。1988 年 1 月,市直机关四大家全部迁往南区大同路。图为市委书记姚珍友(戴墨镜者)邀约市政协负责人到金鱼岭实地勘察,介绍南区建设规划蓝图。(津市档案局 / 供图)

▲ **整治北大沟**　整治前的北大沟污水横流,居民生活极为不便。1987 年,市委市政府彻底改造北大沟,使环境大为改善。(右图左二为时任市委书记陈本洪,左三为市长朱立炎,津市建设局 / 供图)

▲ **两路建设** 要致富,先修路。1992—1995 年,津市两届政府相继组织了一场修建"两路"的"人民战争":
一是北起岳阳,南抵常德,贯穿津市保河堤、渡口两镇的湘北公路;二是津市至澧县新建的高等级公路。
上图为时任市委书记的袁观清(前排中)、市长肖朝进(前排左)在两路现场踏勘。下图为施工现场。(王
晓建、周献坤/摄)

尊师重教

尊师重教是中华民族的优良传统，在新时期恢复且发扬光大具有其历史必然性。

▲ **庆祝第一个教师节**　1985 年 1 月，六届人大常委会九次会议通过国务院关于设立教师节的提案，决定每年 9 月 10 日为教师节。是年 9 月 10 日，津市教师欢聚一堂，庆祝属于自己的第一个节日。（覃事权/摄）

▲ **留住人才** 吴元林是原津市一中颇受学生喜爱的语文教师，1986 年调常德一中前，时任市委书记的陈本洪曾登门做思想工作，劝他留下来。（覃事权／摄）

▲ **燃烧的蜡烛** 1985 年 5 月，市总工会职工学校前校长章南高（右一）荣获全国总工会授予的"全国优秀教育工作者"称号和全国五一劳动奖章，为境内第一个获此殊荣的人。学校创办以来，章南高 40 余年如一日，把全部心血都倾注于职教事业，成绩卓然。次年，他又获"全国职教先进教师"称号，学校也先后两次被评为"全国职工教育先进单位"。（肖峰／供图）

新风尚

移风易俗、道德重建是新时期精神文明建设的又一项重要内容。小城居民身体力行，自觉参与，演绎出许多动人的故事。

▲ **服务标兵** 文星云和人民路百货商店是 1970—1980 年代津市商业的一面红旗。文星云的服务宗旨是"用十分的热情做好一分钱的生意"。其送货上门、商品拆零、免费修理、代客裁裤片等便民服务项目让顾客无不交口称赞。1978 年，文星云被省政府授予"服务标兵"称号，商店也被评为省商业战线"先进集体"。左图为津市人民路百货商店的职工下乡展销，右图为文星云在柜台前。（覃事权／摄）

▲ **计划生育** 1979 年，国家明确要求一对夫妇只生一个孩子，奖励一孩夫妇做绝育手术，对自愿终生只生一个孩子的夫妇，动员领取"独生子女证"。1979 年 9 月 28 日，津市镇委召开大会，表彰终生只生一个孩子的育龄夫妇，会上第一批 637 对育龄夫妇领取了"独生子女证"。（覃事权／摄）

▲ **集体婚礼** 移风易俗，婚事新办。1981年4月30日，6对青年男女在市总工会游艺厅共度良宵，这是"文革"后由工、青、妇等单位组织的首次集体婚礼。（覃事权／摄）

▲ **人性如此美丽** 这张照片向人们诉说着一个过去岁月的动人故事：1950年代末，市五金公司职工龙春秀结婚没几年的丈夫因病去世，龙春秀强忍悲痛，独力支撑起赡养公婆的重担，替人洗衣做鞋，挣钱还清了债务。命运把龙春秀和公婆紧紧维系在一起，他们不是血亲，胜似血亲。婆婆几次含泪劝龙春秀："秀啊，找个合适的人家吧，我们不能拖累你一辈子啊！"1965年，龙春秀与毛绍金相爱，只有一个条件：带上公公婆婆上门。忠厚善良的毛绍金满口应承："你的亲人，也是我的亲人！"从此，两口子共同照顾两位老人，几十年如一日，比亲生儿女还周到。两位老人常常向人诉说自己这段令人感慨万千的人生经历，《湖南日报》也以《这样的好媳妇难得》为题对龙春秀的故事作了报导。平凡的故事，平凡的人生，闪耀着美好人性的熠熠光辉。（摄于1983年，覃事权／摄）

▲ **学雷锋** 1981年，市六中（1981—1986年）初二学生鲁平因从小患小儿麻痹症，行走不便，班主任老师陈福海便号召同学们学习雷锋精神，向残疾同学伸出援手，接送他上学，得到同学们积极响应。敏锐的摄影者捕捉到了这一温馨的画面，令人感动。（徐立斌／摄）

群众文体活动

　　1980 年代，津市的群众文艺、体育活动开展十分活跃，各种形式、各种名目的文艺演出、体育比赛花样翻新、异彩纷呈，极大地丰富了市民的文化生活。

▲ 第四届全国运动会体育代表团跳伞队来津表演定点跳伞 （摄于 1979 年冬，津市工会／供图）

▲ **职工运动会中的女子短跑** （摄于 1981 年，津市工会 / 供图）

▲ **职工运动会中的男子篮球** （摄于 1981 年，津市工会 / 供图）

▲ **津市之春** 1982 年始办的"津市之春"文艺、体育、游艺活动是规模最大、参加人数最多、持续时间最长的文体活动"品牌"，前后连续举办了 9 届，深受广大市民欢迎。图为首届"津市之春"的街头文艺表演。（津市工会／供图）

▲ **津市首届妇女拔河赛** （摄于 1982 年，周献坤 / 摄）

▲ 首届"振兴中华"职工火炬接力赛 （摄于 1983 年，王明亮 / 摄）

▲ **首届职工水上拔河、水上接力赛** （摄于 1983 年，王明亮 / 摄）

▲ **首届国庆文艺会演** （1984 年，津市工会 / 供图）

▲ **首届交谊舞大赛** （摄于 1984 年，王明亮 / 摄）

▲ **首届"飞龙杯"龙舟赛**　12 支代表队参赛,十里江岸挤满了上万观赛者。(1986 年端午节,王明亮 / 摄)

▲ 首届迪斯科舞大奖赛 （摄于 1987 年，王明亮／摄）

▲ 首届"大桥杯"环城长跑赛 （摄于 1987 年，王明亮／摄）

▲ 1982 年，津市职工象棋代表队在常德地区中国象棋分级赛中，荣获团体总分第一名，万福初获个人冠军，魏福生获季军。（津市工会 / 供图）

▲ 津市工会前的大棋盘吸引了大量的象棋爱好者。（津市工会 / 供图 ）

▲ **世界冠军的启蒙教练**　图中那位半老头子吕大贤，在津市业余体校任游泳教练十多年，先后向省队输送了6名运动员。傅祖斌受他长达9年的悉心指教，是他倾注心血最多的一个，曾20次打破蹼泳全国纪录，1次平世界纪录，2次破世界纪录，夺得国家、国际和世界比赛奖牌100多枚。（覃事权／摄）

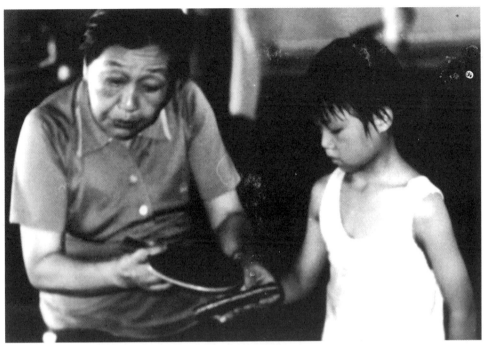

▲ 津市乒乓球在各级比赛中获奖无数，不少队员入选国家队、省队，有的还在国际比赛中争得荣誉。1985 年 5 月，女子单打世界冠军孙梅英来津市为体校的孩子们传经送宝。（周献坤 / 摄）

▲ 1987 年，14 岁的刘俊辉在印度尼西亚举行的第三届亚洲少年乒乓球锦标赛上一举夺魁。刘俊辉是从津市走出去的乒乓球运动员中的突出代表，多次在全国性大赛斩获奖牌。（陶伯秀 / 供图）

大桥的故事

▲ **通车典礼** 1989年12月15日，津市人民翘盼已久的澧水大桥，终于胜利建成通车了！（覃事权／摄）

▲ **欢乐的节日** 大桥的建成圆了津市人多年的梦想，通车之日便成了津市人民的节日。通车典礼上，全城出动，万人空巷，欢欣鼓舞，盛况空前。（徐立斌／摄）

▲ **为什么要修桥?** 大桥通车前，轮渡早已不堪重负，津市人民太需要一座桥了！（周献坤 / 摄）

▲ **津市轮渡** 自 1957 年 8 月首航渡客至 1989 年 12 月澧水大桥通车，轮渡为津市人民服务了 32 年，其历史功绩不应遗忘。（周献坤 / 摄）

▲ **津市汽渡** 自 1978 年 12 月正式开渡，与轮渡同时"寿终正寝"。（津市建设局／供图）

▲ **南岸扫障拓宽** 1987 年年初，为确保澧阳平原汛期安全，从而保住钢围堰，保住大桥建设，全市动员 5000 民力，苦战一个半月，拓宽阳由垸渡口至皇姑山码头河床 40 米，挖运土石方 10 余万立方米，按要求不折不扣完成南岸扫障拓宽工程。（津市建设局／供图）

▲ **消失的景致** 为圆修桥梦，津市人民作出了巨大贡献。1986 年，主桥动工，全市人民共买大桥建设债券 4000 张，计币 120 万元，企事业单位集资 200 万元。全市共征用土地 15.18 万平方米，拆迁房屋 2 万平方米，没有一户拒迁。上图为南区职工无不熟悉的城交公司大楼，随着大桥建成，便永远从人们视野中消失。

▲ **澹津路** 1983 年刚完成硬化的澹津路，不久就成了大桥引桥的基础。（覃事权／摄）

▲ 津市人民永远不会忘记那些为大桥建设作出过重要贡献的人们。左三为时任市委书记的陈本洪，左二为大桥修建指挥部总指挥伍千善。（覃事权／摄）

▲ **梦想成真**　津市澧水大桥的建成让全市人民梦想成真，善莫大焉。瞧这老太太，尽管年事已高，也要在亲人搀护下兴致勃勃登上旋梯一览大桥雄姿。（周献坤／摄）

虎爪山遗址

1988 年发现的虎爪山遗址位于津市金鱼岭社区范围内，为约 50 万年前的旧石器时代遗址，也是湖南最早的古人类活动遗址。该遗址陆续挖掘出土的石器包括石核、石片、石球三大类。2013 年，虎爪山遗址被国务院核定为第七批全国重点文物保护单位。

▲ **虎爪山遗址挖掘现场** （津市文物局 / 供图）

▲ **虎爪山出土的部分打制石器** （津市文物局 / 供图）

市井万象

　　这组照片记录了津市 20 世纪末、21 世纪初的市井百态，人间万象，给人亲切、温馨、恬静的审美体验，这就是普通人的生活日常，非常接地气。感谢摄影者敏锐的眼光和独特的视角，为我们留下美好的记忆。

▲ **书摊与棋摊**　这是位于中华街的一处书摊与棋摊，书摊出租的是连环画，本地人称"伢伢书"，租书者多为小孩和学生；光顾棋摊的自然老年人居多，老人小孩，各得其所，各得其乐。（徐立斌／摄）

▲ **老屋里的牌局**　生活在筒子屋里的邻居们也有自己简单易得的乐趣。（沈志勇／摄）

▲ **拐子巷里玩耍的小孩** 那个弧形门楣的建筑便是闻名遐迩的原大华旅社。(沈志勇 / 摄)

▲ **来一枪** 这是摆在后湖的气枪摊，没有真枪实弹，权且玩玩气枪过瘾。(沈志勇 / 摄)

▲ **来一碗** 这种颇具特色的风味小吃吸引了不少人。(沈志勇 / 摄)

▲ **鞋摊** 顾客至上，好坐椅是给顾客留着的。(沈志勇 / 摄)

▲ **"慢慢游"** 这种人力车曾给大家的出行带来很大方便。（沈志勇／摄）

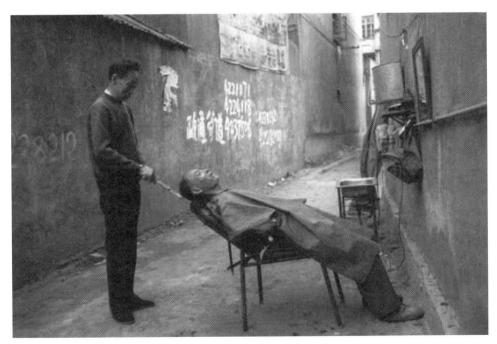

▲ **街头理发** 这种简陋的理发担一般在僻街陋巷，深受老年顾客欢迎。（沈志勇／摄）

▲ "慢慢游"师傅的快乐时光 （郑昌华 / 摄）

▲ **桥板**　自来水普及前，这是澧水河边一道常见的风景。（徐立斌／摄）

▲ **街头电话**　20世纪末，手机尚未普及，街道旁的 IC 卡电话极大地方便了人们。（沈志勇／摄）

▲ **送餐** 每天中午，一中的校门外都要被送餐的人群包围，成为一道动人的风景。（沈志勇／摄）

▲ **早市** 津市早餐种类繁多，诱人气味开启了小城新的一天的序幕。（徐立斌／摄）

▲ **出殡**　1985 年冬，津市荆河剧团老艺人严天柏逝世后的送葬队伍。身边熟悉的人走了，送一程，既是人情，也是人心。（徐立斌 / 摄）

岁月无痕

　　随着社会的发展和城市化的进程，许多熟悉的风景从人们眼前消失了，留下的是永远的追念和怅惘。诚如津市籍画家徐立斌所言："这些业已消失的风景，不仅承载着一代又一代人的记忆和情感，还是游子对故乡的身份认同和心灵归属。"下面这组 20 世纪 90 年代末的照片，或许能些微满足一下人们怀旧的情绪。

▲ **菜市场**　现大码头市场位置，原中华街入口处。（徐立斌 / 摄）

▲ **中华路边的电影广告**　往右通向中华街，中华电影院就在这条巷子里。（徐立斌 / 摄）

▲ **中华电影院**　1979 年，中华电影院在原津市剧院旧址修建，于 1981 年改名为中华电影院。（徐立斌 / 摄）

▲ **太子庙**　老建筑为民国时原六轮公司宿舍，后由王金山买下部分房产经营"翠芳妓院"。(徐立斌 / 摄)

▲ **新建坊**　迎面左转就是人民电影院，老津市人深入骨髓的记忆。(蒋新建 / 摄)

▲ **九码头小钵馆一** 九码头的僻巷内众多的小餐馆，以其价廉物美吸引了不少食客。(徐立斌 / 摄)

▲ **九码头小钵馆二** 一家挨一家，生意大都很红火。(蒋新建 / 摄)

▲ **拐子巷** 圆拱门为原大华旅社，位于拐子巷中部，清末明初由江苏人冯聚顺所建。在 1928 年版的《中国旅行指南》中，大华旅社居津市旅社之首。

▲ **老屋** 老屋邻里之间关系密切，你来我往，比现代居民楼多了一点人情味。（沈志勇 / 摄）

▲ **老屋避免不了被拆掉的命运**　一些旧事物的消失亦是社会进步的必然结果。（沈志勇／摄）

▲ **中华街**　原城隍庙街，以街中段有城隍庙故。1950年后改称中华街。西起刘公桥，东止大码头，西端左侧即原中华电影院旧址。(徐立斌／摄)

▲ **中华路**　中华街南面邻河的一条街。(徐立斌／摄)

▲ **关爷楼** 连接中华街与中华路之间的小巷。穿过中华路便是大码头。（徐立斌／摄）

▲ **生产街** 旧中国称衙署街、关庙街，新中国称生产街、建设街。（徐立斌／摄）

▲ **大桥商场**　　1989 年大桥通车后，北岸引桥下为商场，一时成为城市商业集中处。1992 年 12 月 30 日，
一场大火将商场悉数烧尽，商户损失惨重，此后大桥商场遂退出历史舞台。（沈志勇 / 摄）

▲ **车胤广场旧貌**　　进入新世纪后进行了彻底改造。（郑昌华 / 摄）

▲ **望江楼** 望江楼位于澧水大桥北岸，为 1959 年新建的综合性酒楼，曾雄踞津市同行业首位，影响远及九澧流域，也是几代津市人的共同记忆。（沈志勇 / 摄）

▲ 一代名楼，在时代大潮面前竟进退失据，逐步走向式微，令人叹惋。（朱德山 / 供图）

▲ **津市二中**　1957 年创办的津市二中位于澹津路，首任校长王道济。二中曾是许多津市人的母校，现在说没就没了，校友们的思念，已无处寄托。（徐立斌／摄）

▲ **津市师范** 1984 年，津市师范在卢家村境内筹建。1988 年秋首次招生，学制 3 年。1999 年，该校并入常德师范学校。2013 年，常德师范与桃源师范合并为湖南幼儿师范高等专科学校。（校名题字者：莫应丰，王军 / 摄）

▲ **湖南机电职业技术学院** 1975 年，在湖南拖拉机制造厂内创办技工学校，次年迁至省高农旧址，1978 年更名为湖南省机械工业局津市技工学校，1984 年又改名为湖南包装食品机械学校，两年后再改名为湖南机电学校，2002 年定名为湖南机电职业技术学院，2004 年迁长沙新校址。（王文军 / 供图）

民盟市委成立

1989 年 5 月 4 日，津市首个民主党派市级组织——中国民主同盟津市市委员会成立，是为民盟在湖南的第一个县级市市委，在全国同级组织中亦属成立最早的一个。未几又有中国民主建国会津市市委员会、中国农工民主党津市市委员会相继成立。

▲ 中国民主同盟津市市第一次盟员大会 （杨振文/摄）

德国专家来津考察造林项目

　　1994 年，津市争取到"中德合作造林"项目，以扶贫、生态治理为目标，动员农民植树造林，由德国政府提供资金援助。该项目 1998 年开始实施，1999 年已完成植树面积 2000 亩，规划 2000 年前完成 17000 ～ 18000 亩。此前德国专家已前后 5 次来津进行可行性论证。

▲ **库斯特一行三人来津考察** （摄于 1996 年 4 月，任四荣 / 摄）

喜庆香港回归

　　1997 年 7 月 1 日，香港回归祖国，结束了其 150 余年的殖民地历史。在炎黄子孙热泪盈眶，扬眉吐气的历史时刻，小城津市也沉浸在一片欢乐的海洋之中。人们载歌载舞，纵声歌唱，庆贺海外游子回到祖国怀抱，祈望香港的明天更加美好。

▲ 喜庆香港回归 （王明亮/摄）

领导视察

▲ 1994 年 7 月 9 日，中共中央政治局常委、全国政协主席李瑞环（右二），在湖南省委书记王茂林、省长陈邦柱、省政协主席刘正、省委秘书长胡彪等陪同下来津视察。（周献坤 / 摄）

▲ 1996 年 4 月 17 日，国务院副总理邹家华、水利部部长钮茂生来津视察洞庭湖治理工程。（周献坤 / 摄）

▲ 1992 年 11 月 11—12 日，原全国人大常委会副委员长来津视察。（周献坤／摄）

▲ 1997 年 10 月 11 日，全国人大常委会副委员长王丙乾视察津市 （周献坤／摄）

▲ 1991 年 11 月 9 日，中共湖南省委书记熊清泉来津视察，先后到访湘澧盐矿、湖南车桥厂、味精厂、蚊香总厂等企业。（周献坤 / 摄）

▲ 1996 年 4 月 7 日，中共湖南省委书记王茂林（左），省委副书记、省长杨正武（右）来津视察。（周献坤 / 摄）

津市赋

秦自超

武陵西来，垒土为隅；云梦东移，让土成邑；合汇九澧，是为门户；地处湘北，乃谓明珠。临浩浩乎，一泻千里之长江；眺巍巍乎，南天一柱之衡岳；绵张家界，旖旎山水之余韵；籍洞庭湖，浩淼烟波之无垠。

云蒸霞蔚，山川名胜。嘉山姜女寻夫传说，传颂千古；车胤囊萤苦读故事，激励后人。大同千年古刹，尊达摩之为祖，而名闻于遐迩；惟俨药山禅寺，立曹洞之为宗，遂远播于东瀛。唐刺史奠澧州之基，车城始为其治所；明知州创延光书院，授童齿而育斯文。

天地造化，四时风景。仲春花开之时，泛轻舟于毛里西湖，听渔歌之唱晚兮，尝鲈鳜之鲜嫩；盛夏炎炎之日，登关山于中武道观，荫古木之如盖兮，掬龙泉之清泠。或于秋高气爽，送目于皇姑山顶，览荆楚之辽阔兮，追稻菽而涌浪，平畴铺金；或于冬日月夜，品茗于望江楼上，挽新月之一镰兮，数天上乎人间，闪闪繁星。快也哉，乐也哉，心旷是焉，神怡是焉。

迁客谪徙到此，驻步而流连；骚人行旅至焉，研墨而留痕。屈大夫，踟蹰于澧浦泽畔，披发乎长嗷；小李杜，泊舟于御果园侧，把酒而低吟。何景明，赋津市打鱼之歌；林则徐，喻甘棠而明其心。芍药孤峰月下兮，乃有披云之啸；清化双松风动兮，而生吟诵之声。

山水相缪，郁乎苍苍，人文荟萃，宝地通灵。于是，浒渚苇岸，野渡荒村，先人结庐，罾鱼织耕。继而，张帆揖桨，往来水运，渐成商埠，设市建镇。迎四方之宾客兮，纳远近之移民；赖漕运之地利兮，就天时而方兴。是时，商贾云集，工贸鼎盛，物流集散，囷满货盈。澧水兮，千帆竞渡，日夜棹声下洞庭；市井兮，繁华不夜，人称边邑小南京。更兼英雄，叱咤风云。翊武将军，求学于渡口，举辛亥之帜；贺龙元帅，出入于津市，燃革命之薪。

　　然几何时，漕运衰微，商贸疲顿，工业滞后，经济厄困。津市儿女，仰湖光山色之滋润，秉厚重人文之底蕴。披肝沥胆兮，负重前行；励精图治兮，重塑江城。几度风雨，几翻苦辛，津市崛起，百业振兴。窑坡工业区，老树枝头绽绿；嘉山经济园。新葩含蕊吐芬。工商农林牧渔副，继往开来振长缨。舞雄风八面，立强市之林。

　　噫吁嚱！今日津市，璀璨鼎新。虹桥卧波兮，天堑一线为通衢；金堤矗岸兮，洪魔伏唯而称臣。楼居栉次入云，星辰欲与之共语；道路通达四海，寰宇欲与之联姻。城中三湖兮，菡萏熏风，婆娑杨柳，绘江南玲珑之画卷；桥头广场兮，喷泉飞花，兰桂嘉树，彰现代恢弘之气韵。津市之秀，芙蓉见之而惭色；津市之美，莺哥飞至而羞鸣。

　　嗟夫，乾坤朗朗，海晏河清，惠风熙熙，芷馥兰馨。欣哉盛世，幸哉斯民。试问："明日津市意将何往？"答曰："惜时光之不我待兮，踏晨熹而登程，乘长风之好扬帆兮，追日月以图腾。是乎乃尔也！"

▲ 姜业云／摄

津市风光

▲ 肖峰 / 摄

津城雄姿

王 继 杰

自筑坚堤隆孽龙，城墙更令市容雄。
皇姑塔耸穿云箭，澧水桥横射日弓。

▲ 秦自超 / 摄

后湖荷香
王继杰

楼台亭阁水云乡，
踏过曲桥寻晚凉。
明月无声投树影，
清风有意送荷香。

▲ 秦自超 / 摄

澹津园趣
王继杰

蜂吻花唇蝶绕枝，
鸟声婉转诉相思。
池边婀娜临风柳，
也向游鱼抛钓丝。

▲ 肖峰 / 摄

关山夕照
王继杰

落日衔山霞满天，
澧阳顿似火燎原。
赤云焰落兰江里，
疑把龙宫也烫燃。

▲ 秦自超／摄

兰江夜月
王继杰

扁舟载酒泛兰津，
风比醪香更醉人。
明月才从云里出，
清辉已镀一江银。

▲ 胡经政／摄

皇姑耸翠
王继杰

一身裙衩色青青，
遥对苍梧临洞庭。
九澧烟波蒸旭日，
万家灯火落繁星。
云迎虞舜情思远，
花沁婵娟肤发馨。
细读巫歌方省悟，
皇姑原本是湘灵。

▲ 肖峰 / 摄

果园花事
王继杰

华阳思蜀久难归，
种栗栽梅满翠微。
休问皇家争夺事，
只看桃李斗芳菲。

▲ 成绍贵 / 摄

▲ 肖峰 / 摄

大同晓钟

王继杰

云树苍山隐梵宫，悠扬钟磬入松风。
寺经数劫犹重建，足见人心向大同。

▲ 钟德安 / 摄

武当烟霭
王继杰

峰擎武当出尘寰，
南楚川原俯目看。
阵阵松风催落日，
紫霞碧霭满人间。

▲ 肖峰 / 摄

西湖朝霞
王继杰

杨泗营盘早失踪，
渔歌千载唱英雄。
朝霞辉映西湖水，
碧血犹留一抹红。

▲ 徐克 / 摄

▲ 津市统战部 / 供图

药山禅院

王继杰

曹洞宗师一啸长，机藏瓶水化云翔。
何期芍药唐时种，移到扶桑格外香。

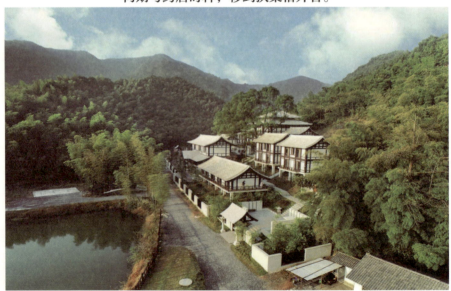

▲ 周献坤 / 摄

药山寺重建感赋

王继杰

古刹重修香火馨，
慈云法嗣得传承。
山河板荡神坛毁，
国运昌隆寺庙兴。
祸福空求缄口佛，
沧桑可问坐禅僧。
世间万象谁参透？
点亮心头智慧灯。

▲ 津市电视台 / 供图

▲ 周献坤 / 摄

嘉山远眺
王继杰

峰峦叠翠俯荆襄，碧野无垠锦绣乡。
江北不生山挡目，好教姜女望情郎。

▲ 嘉山姜女庙（罗斌 / 摄）

▲ 秦自超 / 摄

江潭渔火
王继杰

嘉山潭里夜迟迟，篙戟罾旌聚水师。
欸乃如歌星汉灿，一川渔火动诗思。

▲ 成绍贵 / 摄

▲ 朱德山 / 摄

湿地寄语

王继杰

花满芳洲水满湖，日飞鸥鹭夜飞枭。
地球肺腑当珍爱，休让山河染病污。

▲ **毛里湖国家湿地公园**（罗斌 / 摄）

▲ 王晓建 / 摄

江楼酒兴
王继杰

月明试上望江楼，九澧烟波幻未休。
豪饮杜康浇块垒，铜琶铁板唱东流。

盐矿珠玉
王继杰

抽出黄泉炼异珍，喷珠溅玉浪翻银。
分明皑皑昆仑雪，何故长飞澧水滨？

▲ 肖峰 / 摄

澧浦风韵

王继杰

筑坝拦河频锁江，孽龙难再逞凶狂。
防洪堤作长城废，带露花为盛世香。
霞映青山红晕泛，水澄碧宇白鸥翔。
横空双跨霓虹影，楼阁宜人入醉乡。

▲ 沿江风光带之大观楼 （王文军／摄）

▲ 沿江风光带之滨水公园 （胡经政 / 摄）

▲ 沿江风光带之朱务善广场 （未未 / 摄）

▲ 沿江风光带之朝阳阁闸门 （王文军／摄）

▲ 沿江风光带之文星阁 （王文军／摄）

▲ 沿江风光带之九码头闸门 （胡经政 / 摄）

▲ 沿江风光带之塑胶步道 （胡经政 / 摄）

领导视察（续）

▲ 2008 年 10 月 24 日，中共湖南省委书记张春贤来津调研工业发展和新农村建设情况。（津市党史办 / 供图）

▲ 2009 年 3 月 26 日，中共湖南省委副书记、省长周强来津视察经济社会发展工作。（津市党史办 / 供图）

▲ 2014 年 4 月 24 日，中共湖南省委副书记、省长杜家毫来津视察，图为视察津市养老院。（津市党史办 / 供图）

▲ 2016 年 8 月 2 日，中共湖南省委副书记、省长杜家毫再次来津，调研"一湖四水"保护与治理工作，并前往鸿鹰祥生物科技公司考察。（津市党史办 / 供图）

重要会议

▲ **中国共产党津市市第十二次代表大会** 2016 年 8 月 31 日—9 月 1 日，中国共产党津市市第十二次代表大会在兰苑宾馆召开。大会确立今后 5 年全市经济社会发展的总体目标是：对接长江经济带，融入洞庭湖生态经济区，坚持工业立市、突出产业兴城，为建设澧水流域现代化的中心城市而努力奋斗！大会选举产生了新的常务委员会，傅勇当选为书记，陈彰杰、杨文惠当选为副书记。

▲ **津市市第十七届人民代表大会第六次会议** 2021年1月19日—21日，津市市第十七届人民代表大会召开第六次会议，王育平主任（前排右五）作人大工作报告，黄旭峰市长（前排左四）作政府工作报告，市委书记傅勇（前排左五）讲话。（津市电视台/供图）

▲ **政协津市市第十一届委员会第五次会议** 2016年1月6日—8日，政协津市市第十一届委员会召开第五次会议，姜正才主席（左五）作政协工作报告，陈章杰市长（右五）作政府工作报告，市委书记王学武（左六）讲话。（津市电视台/供图）

机关

▲ **大同路 50 号** 此地为津市党政机关驻地，1988 年 4 月，市委、市人大、市政府、市政协四大家全部迁至此地办公，大同路 50 号成为全市决策、指挥中心。(吴定华／摄)

▲ **市政务服务中心** 2016 年动工建设，次年 7 月 31 日投入使用。大楼共 4 层，建筑面积 7488.48 平方米。共有 33 家单位入驻，纳入窗口办事项目 202 项，基本涵盖全市所有行政许可及公共服务事项。(王文军／摄)

工业新区

津市工业有着辉煌的历史，一路走来跌宕起伏，盛衰交替。随着工业新区的崛起，传统工业城市迎来了她的凤凰涅槃，浴火重生。2016 年 7 月，湖南省政府以湘政函〔2016〕105 号文件批复津市市设立省级高新技术产业开发区。津市工业集中区升级省级高新技术产业开发区，实行现行省级高新技术产业开发区相关政策，按照"高新园区、特色园区、质量园区、效益园区"的战略定位，培育良好的创新创业环境，把园区建成创新创业生态区、新兴产业集聚区，促进津市工业持续健康发展，也为津澧融城后申报国家级开发区创造条件。2019 年，园区建成区面积近 9 平方公里，规模工业总产值已达 265.6 亿元，规模企业户数为 109 家。

▲ 津市高新技术产业开发区管委会 （王文军 / 摄）

▲ 园区鸟瞰 （朱德山 / 摄）

● 生物医药

生物医药产业被列为国家火炬特色产业基地。"两湖"生物医药园以生物制品、生物化工及发酵等为发展重点，以土地和财税优惠政策吸引和承接大型生物医药企业的产业转移，引进培育科技型中小企业，开发新产品。园区共有生物医药企业 14 家。

▲ **湖南康捷生物科技有限公司** 该项目是广东溢多利生物科技股份有限公司在津市投资的生物医药产业扩建项目之一。2018 年 11 月，一期项目投入试生产。项目全部建成投产后，公司可年产 15000 吨食品酶、20000 吨生物酶制剂、植物提取剂、饲料添加剂等产品，成为全国最大的医药酶、食品酶及生物酶制剂生产商和高端酶制剂制造行业的领先者。（吴定华 / 摄）

▲ **湖南鸿鹰生物科技有限公司** 公司于 1978 年建厂，1997 年改制，是中国生物发酵产业协会常务理事单位、全国酶制剂行业重点生产企业、全国酶制剂创新发展服务联盟成员单位、湖南省农业产业化龙头企业、高新技术企业。2011 年，公司迁址津市市高新区，建成年产 30 万标吨酶制剂系列产品基地，是全国最大的酶制剂生产和出口基地。公司注册的"梅花"商标为中国驰名商标，并在英国注册，被授予"湖南省国际知名品牌"证书。（吴定华 / 摄）

▲ **湖南新合新生物医药有限公司**　该公司是一家集甾体药物的研发、生产、销售于一体的具有产业集团性质的高新技术企业，是国内首家以植物甾醇为起始原料制备甾体激素药物中间体及原料药并实现工业化生产的企业。公司成立于 2013 年，具有年产 300 余吨甾体激素药物关键中间体的生产能力，主导产品为氢化可的松、地塞米松中间体、倍他米松中间体等核心技术产品，产品远销至美国、印度、西班牙等国家。（吴定华 / 摄）

● 装备制造

　　津市装备制造产业以整车及工程机械装备和关键零部件制造为产业重点，以中联重科车桥公司、致远汽车配件为龙头的产业群不断壮大，规模以上装备制造企业已近 30 家，占全市规模以上工业企业的近三分之一。

▲ **湖南中联重科车桥有限公司**　公司前身为湖南汽车车桥厂，始建于 1970 年，原名湖南拖拉机制造厂，2008 年 7 月并入中联重科。湖南中联重科车桥有限公司成立后，在承接原湖南汽车车桥厂生产经营平台和管理平台的基础上，公司注入新的发展活力，实施业务流程再造，加大技术改造投入，不断调整产品结构，把车桥作为主业，以汽车前后桥作为企业的主要发展方向，进一步拓宽产品型谱，成为车桥行业的巨人。（周献坤 / 摄）

▲ **津市荣迪实业有限公司** 津市荣迪实业有限公司主营带式输送机、工程爬架、自动喷射洗车机、斗式提升机等，是三一重工的配套厂家，拥有安全完整的生产体系。"荣迪牌"带式输送机于2013年获特种设备国家生产许可证，TD75通用带式输送机荣获湖南省名牌产品。2015年，公司的港口装卸机械（斗式提升机）又荣获特种设备国家生产许可证，为规模化生产奠定了基础。公司共申请专利6项，其中3项已经获得授权。（吴定华/摄）

▲ **湖南致远汽车配件制造发展有限公司** 湖南致远汽车配件制造发展有限公司是一家集汽车车桥产品研发、生产、销售、服务于一体的民营企业，成立于1994年，位于津市高新区内，年产能力为20万根汽车前后桥总成。公司一直保持与一汽美国通用、云南力帆骏马、东风云南汽车、柳州特种汽车、保定长安、贵州万达等大中型汽车整车的配套关系，在经营活动中，建立了很好的市场信誉，年销售额达到两个多亿，销售汽车前后桥五万多根。（吴定华/摄）

● 轻工纺织

轻工纺织产业包括轻工和纺织、印染行业，重点推广使用国内外先进棉纺织设备，引进具有国内外先进水平的精梳紧密纺、精梳卡摩纺项目，开发符合市场需求的中高档产品。印染行业重点发展棉和化纤混纺中厚织物印染、麻纺织品印染加工、经编织物染整。

▲ **湖南娄星纺织有限公司**　湖南娄星纺织有限公司系一家集棉花收购、加工、纺织、销售为一体的民营纺织企业，于 2003 年 9 月成立。公司引进英国生产的克罗斯罗尔清梳联、德国生产的特吕茨勒并条机、意大利生产的全自动络筒机，以及经纬纺机、自动落纱细纱机等先进设备，已形成 6 万纱锭纺纱规模，和一家 400 型轧花厂。年生产能力为收购籽棉 35 万担，加工皮棉 6000 吨，生产棉纱 20000 吨。产品包括高档牛仔布用竹节纱和各种花式纱线、再生纤维素与棉、涤不同比例的混纺产品系列，主要销往广东、江浙等地，深受广大客户青睐。（吴定华／摄）

▲ **湖南友联纺织有限责任公司**　湖南友联纺织有限责任公司经营范围为麻棉收购、化纤纺织、布匹、制衣的加工与销售，拥有 2 万纺纱锭的生产线，可生产各类中高档竹节纱和普通纱 4500 多个品种。"友联"棉纱品牌被评为湖南省著名商标。（周献坤／摄）

▲ **湖南宏力纺织有限公司** 湖南宏力纺织有限公司为常德市农业产业化龙头企业，主要产品为纯棉系列竹节纱、化纤与棉混纺系列竹节纱、精梳系列竹节纱。竹节纱生产居国内领先水平，年产量 9000 吨。（周献坤 / 摄）

▲ **津市金湘猪鬃实业有限公司** 津市金湘猪鬃实业有限公司为民营股份制企业，是国内最大的猪鬃生产厂家之一，成立于 2002 年 3 月，于 2015 年搬迁进入高新区，次年 11 月，被湖南省人民政府认定为省级龙头企业，2017 年 9 月，被省经委评定为湖南省"小巨人"企业，同年 12 月，被湖南科技厅评定为高新技术企业。公司主要产品为黑、白、花水洗、水煮猪鬃及漂、染猪鬃和切鬃等产品，远销东南亚、中东、巴西、美国、欧盟。公司注册"金湘"牌商标，2006 年被湖南省工商行政管理局评为湖南省著名商标，2009 年被评为国际知名品牌。（吴定华 / 摄）

● 食品产业

津市食品企业有 23 家，特色食品多达 150 多个品种，知名品牌有中意糖果、果冻、润农茶籽油、张老头牛肉干、木子豆乳、绿康食品、南北特食品、津市米粉及津市藠果等。企业拥有专利技术 100 多项，其中发明专利 30 多项，搭建产学研平台 3 个，拥有原产地地理标志 2 个（津市藠果、津市牛肉米粉）、国家驰名商标 2 个（中意糖果、中意果冻），省著名商标及名牌产品 6 个。

▲ **湖南新中意食品有限公司** 该公司 2008 年迁入工业园，是中南地区最大的糖果、果冻生产基地。2009 年，"中意"商标荣获"中国驰名商标"称号。2014 年，金健米业股份有限公司整体收购中意糖果公司，组建成立湖南新中意食品有限公司。公司注重产品的开发和渠道的拓展，坚果多多、酸奶果肉布丁等 20 多个新品逐步上市，销售客户总量近 200 家，并同上海一嘉形成战略联盟，选择性地进入了大润发、沃尔玛、家乐福、永辉等 KA 系统，还成功将果冻产品出口到了美国。（吴定华 / 摄）

▲ **津市市绿达米粉有限公司** 津市市绿达米粉有限公司是以湿米粉、湿米面为主导产品的新型米制品深加工企业。年产米粉（面）制品 1500 万斤，是全省同行业中的标杆企业。产品远销湘西北地区和长沙、岳阳等地市场。（王文军 / 摄）

▲ **湖南张老头鹏来食品有限责任公司**　公司以牛肉干产业为主导，集肉牛养殖、产品研发与加工为一体，产品系列有 50 余个。传世百年的经典美食"张老头"五香牛肉干，先后荣获"湖南省第二届名优特新农博会金奖""第二届亚划赛标志产品"等殊荣。（吴定华／摄）

▲ **湖南津味绿康食品有限公司**　该公司是一家现代化的果蔬罐头深加工企业，年可产各种果蔬罐头 1 万吨，年产销值近亿元。（周献坤／摄）

▲ **湖南润农生态茶油有限责任公司**　该公司 2009 年始建，是一家集油茶林保护、种植，茶油加工与销售，茶油健康功效研发，生态旅游于一体的全产业链生态农业企业。已开发十多个产品。灵犀牌茶油获得了中国中部（湖南）农业博览会金奖、国家地理标志证明商标。（吴定华／摄）

● 盐化工产业

盐化工产业包括工业、食用盐和下游生产的液氯、烧碱、盐酸等。津市盐化工产业将发展以氯碱化工为主，向含氟新材料、精细化工及生物化工延伸，上下游相互关联为主要特色的盐化工产业基地。目前，津市有以湘澧盐化为龙头的盐化工企业共10家。

▲ 湘澧盐化展新姿 （周献坤／摄）

▲ **湖南省湘澧盐化有限责任公司** 前身为湖南省湘澧盐矿，始建于1969年，2011年改制为湖南省湘澧盐化有限责任公司，是大型国有制盐企业，为湖南省盐业股份有限公司全资子公司。公司现已具备年产精制盐100万吨、工业无水硫酸钠9万吨、碘酸钾100吨的生产能力。主产品"雪天"牌精制盐为中国驰名商标，"雪牌"精制盐、"钻塔"牌工业无水硫酸钠为湖南省著名商标。（王文军／摄）

● **新型建材产业**

全市规模以上新型建材企业 9 家，主要生产水泥、瓷砖、预拌混凝土及钢化玻璃等。

▲ **津市坝道水泥有限公司** 公司为循环经济项目企业，2009 年 3 月正式投产，年生产水泥 60 万吨，广泛应用于建筑、道路、桥梁等工程。（周献坤／摄）

▲ **津市鸿科建材有限公司** 公司为专业从事商品混凝土、湿混砂浆、沥青混凝土等生产与施工的新型建材企业，是常德市规模大、品种全、环保设施最完善的现代建材示范企业。（周献坤／摄）

津市港

　　津市港位于津市高新技术开发区附近澧水西岸，2016年10月正式动工，2019年6月首个千吨级码头开港。港口集大宗散杂货、集装箱、港口物流和服务以及保税物流于一体，由中心港区和新洲港区组成，主要为津市高新区及周边区县的物资运输服务。

▲ 津市港（周献坤/摄）

▲ 津市港千吨级码头开港（津市港/供图）

▲ 集装箱作业（津市港/供图）

城市新貌

  1949 年前的津市，总面积不过 1.45 平方公里。1990 年代末，城区面积扩至 6.28 平方公里。进入新世纪后，城市建设明显提速，根据市委制定的发展战略，全市上下一心，以"建设澧水流域现代化中心城市"为目标，打造国家森林城市、卫生城市、园林城市、交通模范管理城市、文明城市，在道路建设、城市绿化、街道亮化和老区改造等方面均成效显著，城区面积超过 17 平方公里，一座流光溢彩的现代化新城已赫然矗立在澧水之滨。

▲ 小城夜色 （张立峰/摄）

▲ 车胤大道 （胡经政 / 摄）

▲ 孟姜女大道 （周献坤 / 摄）

▲ 洞庭大道 （许衡／摄）

▲ 津澧大道东 （肖峰／摄）

▲ **车胤广场** （胡经政／摄）

▲ **九澧广场** （胡经政／摄）

▲ 2014年，湖南省最大的县级棚户区改造工程——津市三眼桥棚户区改造工程竣工。（周献坤 / 摄）

▲ 丰华城居住小区 （王晓建 / 摄）

▲ 新天地居住小区 （胡经政 / 摄）

▲ 国际名苑居住小区 （胡经政 / 摄）

▲ 金海岸居住小区 （胡经政 / 摄）

▲ 丽景豪庭居住小区 （王晓建 / 摄）

▲ 鸿鹰星都居住小区 （胡经政／摄）

▲ 雅梦苑居住小区 （胡经政／摄）

▲ 金城银座居住小区 （胡经政 / 摄）

▲ 民安二期安置小区 （周献坤 / 摄）

▲ 六合城居住小区建设工地 （吴定华 / 摄）

▲ 1989 年，津市澧水大桥建成通车。（罗斌／摄）

▲ 2019 年，津市澧水二桥主体工程基本竣工。（肖峰／摄）

▲ 2013 年，涔水大桥建成通车。（吴定华 / 摄）

▲ **三湖公园全景** （周献坤 / 摄）

▲ 三湖公园兰津广场 （王文军 / 摄）

▲ 三湖公园兰津广场 （蒋新建 / 摄）

重点民生工程建设

　　进入新世纪，津市一系列民生工程相继建成，人居环境和生态环境有了前所未有的改善，津市人民更有了实实在在的获得感、幸福感。

▲ **白龙潭水厂**　2008 年，以澧水与道河交汇处白龙潭为水源，建白龙潭水厂。工程分三期建设，日供水总规模为 15 万立方米。2014 年，一期工程投运，日供水 5 万立方米。2017 年又完成日供水 7.5 万立方米的扩建工程。（周献坤 / 摄）

▲ **污水处理厂**　该厂位于工业新区，于 2008 年年底动工，次年年底竣工并通水，2010 年 7 月正式商业运行。经专家检测，污水处理质量高于合格标准，居全省前列。2018 年启动二期工程，近期建设规模为 10 吨 / 日。（周献坤 / 摄）

▲ **垃圾填埋场** 津市城市生活垃圾无害化处理场位于镰刀湾。设计规模为日处理能力一期 220 吨、二期
300 吨，总库容 256.3 万立方米。2011 年 9 月，填埋场正式运行，标志津市在常德地区率先投入运
行无害化垃圾处理场。(周献坤 / 摄）

▲ **津市养老中心** 2011 年 9 月，津市社会养老服务中心项目建设正式启动。2013 年，一期工程建成投运，
很快就以其宜人的环境、良好的服务备受老年人青睐。2019 年，二期工程建成投入营运，成为全市老
年人颐养天年的大型养老社区。(周献坤 / 摄）

▲ **创建国家卫生城市**　2017 年 6 月，全国爱卫办授予津市"国家卫生城市"的称号。7 月，全国城镇和健康城市交流会议在山东威海召开，会上对津市等国家卫生城市正式授牌，市创建指挥部副指挥长王文军代表津市市委、市政府接受牌匾。由此津市成为 2014—2017 周期全省成功创建国家卫生城市的唯一县级市。成功创建国家卫生城市，提高了津市的知名度，相继有湖南省慈利县、汉寿县、汨罗市、娄底市、醴陵市和河南省桐柏县、宁夏中卫市等地创建卫生城市的考察团来津参观学习。（王文军 / 供图）

▲ **智慧城市建设**　津市是国家第三批智慧城市建设试点城市，国家发改委新型城镇化建设中小城市改革试点重点工程，获 1 亿专项建设资金。2014 年，工程启动，优先建设基础性、平台性、民生性工程，至 2016 年，相继完成市应急指挥中心、天网工程、智慧城管、智慧教育、智慧津市 APP、智慧乡村等子项目工程，津市成为初具规模的县级智慧城市建设样板。（周献坤 / 摄）

▲ **二广高速津市段** 2008年，二广高速津市段开工建设，津市境内12.048公里，历时6年，于2014年5月1日正式通车试运行，从而结束了津市没有高速公路的历史。图为二广高速与津市高新区互通。（吴定华／供图）

▲ **二广高速澧水大桥** 该桥位于道水与澧水的汇合处。（吴定华／供图）

▲ **安慈高速津市段** 安（乡）慈（利）高速公路途经安乡、津市、澧县、临澧、石门、慈利。2017年，该高速开工建设，预计2022年建成通车。其中津市段23.65公里。图为在建的安慈高速澧水大桥，位于市境毛里湖镇樟树村。（吴定华／供图）

美丽乡村

　　2015 年年末，津市完成乡镇行政区划调整，原 5 镇 2 乡合并为新洲（新洲、灵泉）、毛里湖（保河堤、李家铺）、药山（渡口、棠华）和白衣 4 镇，并根据市委部署，实施乡村振兴战略，全面建设美丽家园，按照产业兴旺、生态宜居、乡风文明、治理有效、生活富裕的要求，加速推进农业农村现代化，取得显著成效。在希望的田野上，乡镇经济正稳步发展，民生福祉正不断改善，津市人民正用勤劳的双手装扮自己美好的家园。

▲ **新洲古镇**　新洲千年古镇——孟姜女、车武子故里，境内有省级风景名胜区——嘉山。今日新洲挟水陆交通之便，倚物产丰饶之利，农工商并举，统筹推进城乡建设、产业发展、民生普惠、生态治理、社会管理五个一体化建设重点，面目日新月异。2016 年，新洲入选湖南省百个特色旅游小镇，常德市美丽城镇；2017 年，被评为湖南省历史文化名镇；2018 年，被评为湖南省首届"醉美乡镇"。千年古镇正焕发出前所未有的迷人风采。（周献坤 / 摄）

▲ **神九堰风情园** 2012年始，神九堰生态农业发展有限公司分三期对神九堰水库进行综合生态旅游开发，相继建成乡村旅馆、中心广场、中心会所、茶艺中心等场所及荷塘月色、孟姜女广场、灵泉坛等景点，是集观光、休闲、娱乐于一体的多功能旅游区。（周献坤/摄）

▲ **新洲孟姜女广场千人广场舞大赛** 2018年7月，津市举行庆祝中国共产党成立97周年系列纪念活动，图为活动之——新洲孟姜女广场千人广场舞大赛盛况。（周献坤/摄）

▲ **毛里湖镇**　毛里湖镇水产丰富，素有鱼米之乡的美誉。进入新世纪以来，镇里加大产业结构调整力度，发展优势产业，培育经营主体，创新发展模式，确保农民群众增产增收。其粮棉油及生猪、水产养殖均在全市占有重要位置。上图为毛里湖镇鸟瞰（吴定华／摄），中图为毛里湖中南蘑菇养殖基地，下图为毛里湖箭楼特早熟柑橘采收。（津市党史办／供图）

▲ **药山镇**　药山镇为环洞庭湖公路沿线区位优势明显的交通重镇，是津市"南大门"。近年来，药山镇按照"揽天下药山，筑梦里水乡"的目标，致力于脱贫攻坚、环境保护、城镇和药山景区建设，经济和社会已呈现出良好的发展态势。上图为药山新湖黄鳝网箱养殖基地，中图为药山新华蛋鸡养殖场，下图为药山新湖村的东桑西移项目。（津市党史办/供图）

▲ **白衣镇**　1998年撤乡建镇的白衣镇是津市唯一完整保留建制的乡镇，是闻名遐迩的中国"藠果之乡"。"要致富，种藠头"的口头禅在白衣随处可闻。街头一座不锈钢藠头雕塑，已成为其最独特的镇徽。2010年，"白衣藠果"获国家地理标志产品认证。近年来，白衣镇发挥本地资源优势，以藠果、柑橘两大产业为支柱，同时发展种植、养殖与第三产业，乡镇面貌和农民生活有了显著改善。上图为白衣藠果标准化种植基地一角，下图为白衣柑橘。（津市党史办／供图）

新商贸

进入新世纪，津市在商贸领域实施商贸扶持政策，完善商贸流通体系，提升现代流通方式，改善市场消费环境，保障群众消费安全，使全市商贸流通规模不断扩大，市场日趋繁荣。

▲ **宝悦乐城城市综合体**　2015 年投运后已有数十家商家入驻。(周献坤 / 摄)

▲ **好润佳购物中心** 津市历史最久的超市，一步步扩大规模，生意火爆。（钟德安／摄）

▲ **兰苑宾馆夜景** （钟德安／摄）

▲ 九码头美食街 （王文军/摄）

▲ 刘聋子粉馆连锁店（王文军/摄）

▲ **三湘和达物流园** 国家 4A 级仓储型物流企业，常德市物流标准化试点单位，常德首家公用型保税仓库。占地面积 1.5 万平方米，分为仓库区、海关监管察验库区，具有保税仓储、国际物流配送、进口和转口贸易等功能。(王晓建 / 摄)

▲ **互联网产业园** 2018 年 3 月 18 日，津市互联网产业园落户市创新创业园，当年入驻企业 24 家，实现电子商务交易额 1.15 亿元。(王文军 / 摄)

▲ **首届津市牛肉米粉美食文化节**　2019年12月20日,美食节在市五环体育中心举行。此次文化节以"我是你的粉"为主题,开展美食品鉴会、开幕式及文艺演出、产业发展跨界峰会、挑战吉尼斯纪录等活动,拟将此次活动为起点,将津市牛肉粉这一小特产打造成大产业。上图为美食文化节开幕式现场,中图为常德籍女高音歌唱家吴碧霞演唱《我是你的粉》,下图为美食节活动盛况。(津市文旅广体局/供图)

校园剪影

　　新世纪，津市教育通过不断深化改革，调整教育布局，优化资源配置，推行品牌战略，全面提升教育质量，市属各级各类学校得到协调健康发展。一个管理规范、人心思进、城乡均衡的良好教育环境正逐渐形成。

● 津市一中

　　一中为津市历史最久、规模最大的高级中学，是省级示范性普通高级中学。一中现有教学班 36 个，在校学生 1568 人；在职教师 194 人，其中特级、高级教师 76 人。学校软、硬件近年均得到了长足的发展。2017 年，建筑面积达 2 万余平方米的综合科教楼落成并投入使用。

▲ **津市一中教学楼**（王文军/摄）

▲ **津市一中办公楼** 张瑶如设计的这幢苏式红色大楼建成于 1950 年。此楼原为澧县县政府办公楼，1954 年津市一中迁至此，遂为一中办公大楼至今。（王文军 / 摄）

▲ "麓山之春"艺术节（章彦钰 / 摄）

● **德雅中学**

德雅中学创建于 2010 年，为津市规模最大的初级中学，2018 年有教学班 40 个，学生 1800 多人，教师 149 人。2015 年，德雅中学被评为全国青少年校园足球特色学校。

▲ **德雅中学** （津市教育局/供图）

▲ **德雅女子足球队参加省级青少年足球赛初中总决赛** （津市教育局/供图）

● 翊武中学

翊武中学位于津市渡口镇，由归国华侨——湘鄂教育视察专员许和钧先生遵循辛亥革命先驱——民国开国元勋蒋翊武先生遗愿于 1943 年创办。2010 年，翊武中学被授予湖南省爱国主义教育基地牌匾，同年通过省级合格学校验收，现有教学班 18 个，学生近千人，教职工 74 人。

▲ **津市市翊武中学** （关平 / 供图）

▲ **翊武中学老教学楼** （关平 / 供图）

● 津市二完小

2017 年 8 月，津市市第二、第三小学与双济实验小学联合办学，辖二小、双济两个校区，兰雅、晨曦两所幼儿园，统称津市市第二小学。2018 年，全校共 50 个教学班，学生 2364 人，教师 151 人。

▲ 津市市第二小学 （津市教育局 / 供图）

▲ 津市市双济实验小学校区 （津市教育局 / 供图）

▲ 二完小兰雅幼儿园 （津市教育局／供图）

▲ 二完小晨曦幼儿园 （津市教育局／供图）

● 毛里湖镇博华幼儿园

博华幼儿园由文诣翔于 2008 年个人全资创办，2013 年申办为常德市普惠性民办幼儿园，2019 年选择成为非营利性幼儿园，已连续 9 年获优秀民办幼儿园称号。

▲ **毛里湖镇博华幼儿园**（博华幼儿园 / 供图）

● 津世龙华幼儿园

幼儿园创办于 2018 年，现有 12 个班，学生 320 人，教职工 48 人。园内环境优美，设施齐全，为津市迄今规模最大、最现代化的高端民办幼儿园。

▲ **津世龙华幼儿园**（津世幼儿园 / 供图）

医院新姿

津市人民医院初名津兰医院，建于清宣统三年（1911），已有逾百年历史。今日之人民医院，早已脱胎换骨，其设备、规模、人员与昔日之津兰医院已不可同日而语。

津市中医院成立于1952年，初名和平中医院，于1958年由7家诊所组成津市联合医院，1964年更名为津市中医院。2020年，中医院整体搬迁至洞庭大道新址。

▲ **津市人民医院** （吴定华/摄）

▲ **津市中医院** （许衡/摄）

群众文体活动（续）

　　丰富多彩的群众文娱体育活动素为津市一张靓丽的城市名片，底蕴深厚，特色鲜明，传承有序。进入新世纪，随着物质生活的不断改善，人们的精神追求更加迫切，各种形式、各种名目的群众性文化、娱乐、体育活动蓬勃开展，极大地改变了人们的精神面目，促进了地方文化事业的繁荣。

▲ **2018 年百团大赛及欢乐津城群众文艺演出现场**　"欢乐津城"广场活动已成为津市的文化品牌，从2006 年始，每年至少举行 8 次以上大型演出活动。2009 年后，活动向社区、厂矿、乡镇、学校延伸，从时间、规模、数量和节目质量上改写了津市群众文化活动的历史。"百团大赛"采取市、县、乡三级层层选送的方式，给群众一个展示才艺的大舞台。津市以此为平台，结合"欢乐津城"广场文化活动，每年均组织群众文艺表演大赛。（津市文旅广体局 / 供图）

▲ **《兰香四韵》大型歌舞剧**　2017 年，王泸创作大型歌舞剧《兰香四韵》，以姜女传说、囊萤照读、李翱药山问道、毛里湖的故事为元素，全方位展示了津市深厚的历史文化底蕴。（津市文旅广体局 / 供图）

▲ **精彩的广场演出活动** （津市党史办 / 供图）

▲ **樱桃花开社戏来** 果园的一次群众演出活动，让众多当地戏迷大饱眼福（姜业云 / 摄）

▲ **鼓王大赛** 常德市澧水流域鼓王大赛每两年举办一次，图为第二届津市鼓王大赛选拔赛现场。2012 年第四届鼓王大赛在津市举行，津市节目《姜女情》和《婆妈都是娘》分获一、二等奖。（津市党史办／供图）

▲ **乡风和煦** 2017 年，白衣镇开展移风易俗、乡风文明活动，倡导孝道是活动的重要内容。（津市党史办／供图）

▲ **第四届青苗腊八节** 2019年1月11日,津市第四届"青苗腊八节"在毛里湖镇青苗社区隆重开幕。"青苗腊八节"是津市围绕乡镇振兴发展战略,以乡村旅游加传统节日的形式打造的一项民俗性乡村旅游节庆活动,以期弘扬地方民俗文化,打响乡村旅游品牌,促进农旅文深度融合。(津市文旅广体局/供图)

▲ **千人丰收宴**　2019 年 9 月 21 日，毛里湖镇青苗社区举行千人丰收宴，庆祝第二个"中国农民丰收节"。（津市文旅广体局／供图）

▲ **津市业余花鼓戏剧团**　2009 年 10 月，津市业余花鼓戏剧团罗友根团在庆祝中华人民共和国成立 60 周年活动中表演彩龙船、蚌壳精、罗汉戏妞。（郑昌华／摄）

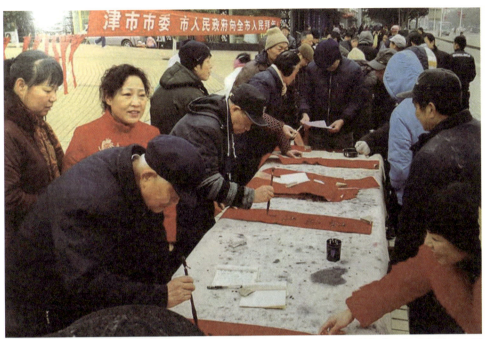

▲ **送春联** 每年春节，市老年书法协会组织老年书法爱好者在桥头广场举行送春联活动，深受广大市民欢迎。（梁荣木 / 摄）

▲ **自行车邀请赛** 2016 年 10 月，津市成功举办湖南省自行车邀请赛，共有国内外 465 名选手冒雨参赛。（姜业云 / 摄）

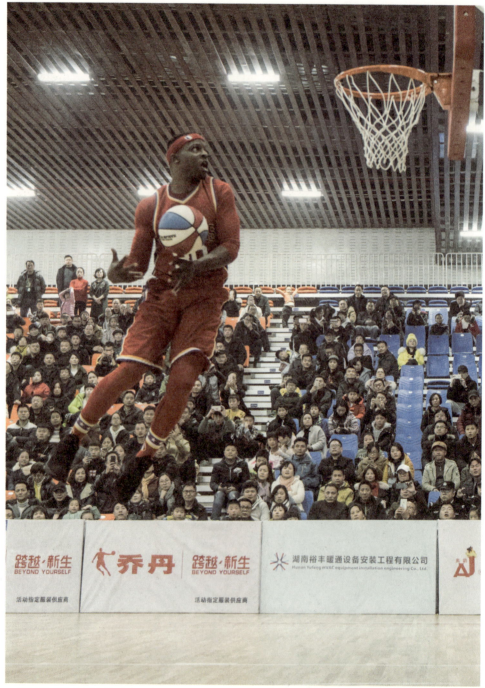

▲ **美国花式篮球表演赛**　2018 年 12 月 15 日，美国哈林巫师花式篮球中国冬季巡演津市站活动在市五环时代健身中心上演，2000 多名观众观赏了这场精彩的表演赛。(津市文旅广体局 / 供图)

▲ **五环时代全民健身中心** 2018年12月，五环时代全民健身中心一期工程竣工并投入使用，已建成轻钢结构装配式新型体育馆、笼式足球场、笼式篮球场、网球场、门球场、全民健身广场、儿童游乐广场、健身步道、室外游泳池、配套用房等。（肖峰／摄）

宗教场所今貌

▲ **福音堂** 清光绪二十九年（1903）由芬兰传教士始建，1915 年起为基督教湘西信义总会会址，辖津市、慈利、大庸、永顺 4 个分会，37 个区会。（王文军／摄）

▲ **天主堂**　清光绪十一年（1885），西班牙神甫入津布道，在牌楼口建天主堂。1949年后，天主堂几经兴废，1990年正式开放为天主教活动场所，2013年6月在双济路另建新堂，次年迁至此。（王文军／摄）

▲ **清真寺** 清嘉庆七年（1802），伊斯兰教传入境内，建清真寺。后来，清真寺两次毁于火灾，1982年市政府拨款维修清真寺，1990年正式开放为伊斯兰教活动场所。2000年在原址重建清真寺，2009年又重新进行了装修。（王文军／摄）

▲ **龟山寺** 龟山寺位于毛里湖镇，始建于宋代，时有高僧弥照主持寺务，建有大雄宝殿、大悲殿、伽蓝殿等殿宇，香火鼎盛。1980年代始，毛里湖镇周边区县信教群众自发在原址修建了大雄宝殿等建筑，开始从事佛教活动。2005年，湖南省宗教局正式批文，成为合法宗教活动场所。（王文军／摄）

▲ **大同观禅寺** 大同观禅寺位于药山镇新湖村大井湖，始建于明中期，2014年现住持释印华受津市市委统战部、民族宗教局和善信居士邀请，恢复重建大同观禅寺。（王文军／摄）

疫情防控

　　2019年年末，市委、市政府根据中央精神，认真落实疫情防控工作，启动重大突发公共卫生事件一级响应，在源头排查、网格化管控、阻断传播、治病救人、物资保障、宣传引导等方面有序推进疫情防控，取得良好效果。

▲ 强化路口卡点管控，做好体温监测登记，防止输入性病例的发生。（卢祖华 / 摄）

▲ 市委书记傅勇（左三）、市长黄旭峰（右一）、市政法委书记李景峰（左四）巡查路口卡点。（卢祖华 / 摄）

后 记

"城市基因·津市文史丛书"之《影像卷》是津市自 20 世纪初至今百余年影像资料的选集。1999 年津市解放 50 周年之际，市委党史办曾组织编辑过《我们的五十年 ——津市解放五十周年纪念相册》一书（下面简称《相册》），颇获好评。仿佛倏忽之间，20 年过去了。20 年里，一些地方文史爱好者孜孜矻矻于本土历史文化的挖掘，通过各种途径又搜寻出许多具有重要史料价值的照片，特别是 20 世纪初芬兰传教士在津拍摄的反映本土风物的照片（韩川先生为此提供的信息资源至关重要），极大地丰富了津市历史影像资料的来源。此外这 20 年来，我们生于斯长于斯的这块土地已经焕然一新，不少本土摄影爱好者亦用镜头记录了这些发展变化，这些都为我们今天重新编辑这本《影像卷》提供了契机，创造了条件。这里有几点说明：

一、《影像卷》照片基本按时间顺序排列，分成新中国成立前后两部分，分别命名为"世纪回眸"与"流年碎影"。全书共收集照片 581 张，其中《世纪回眸》144 张，《流年碎影》437 张。

二、"世纪回眸"主要为互联网上搜到的馆藏于芬兰国家博物馆、芬兰国家档案馆的照片，均为 20 世纪初来华传教的芬兰人所照，已在"世纪回眸"前言中交代，故未再在每张照片下标注。"流年碎影"中的照片，除部分选自《相册》外，多数为后来收集到的历史照片和现实照片（今天的现实就是明天的历史）。每张照片都尽可能注明摄影者姓名和摄影时间。

三、照片说明文字力求简明扼要，客观准确。关于重大历史事件的表述在撰写时学习并参考了中共党史出版社出版的《中国共产党执政四十年》《中国共产党的七十年》《文化大革命简史》《红船交响曲》等书，并以《津市志》等地方史志出版物为借鉴。

正像《相册》编者在后记中所说的那样："用 300 多幅或旧或新或令人叹息或令人陶醉的照片来浓缩这段历史""通过好不容易发现的'断砖残瓦'来反映和折射某一历史场景或时代断片""粗线条地勾勒津市 50 年发展的大致脉络，使我们走过的这段尽管曲折但终趋光明的路，如雪泥鸿爪般更清晰直观地呈现在人们面前。如果这本书读者在翻阅之后尚觉新鲜有趣，亲切可读，从而进一步有所感悟与思考……"这同样是我们编辑这本《影像卷》的初衷。

朱世民

2020 年 10 月